JLPT 全突破

——日本语能力测试 阶梯日语N3教程

主　编　艾　菁　许　倩
副主编　陈　晨　赵　琪
编　者　鲁晶晶　李　阳
　　　　杨　峻　于佳宁

中国教育出版传媒集团
高等教育出版社·北京

图书在版编目(C I P)数据

JLPT 全突破 : 日本语能力测试 . 阶梯日语 N3 教程 / 艾菁, 许倩主编 . -- 北京: 高等教育出版社, 2025.4.
ISBN 978-7-04-064253-7

Ⅰ. H360.42

中国国家版本馆 CIP 数据核字第 2025QS3469 号

JLPT全突破

——日本语能力测试 阶梯日语N3教程

JLPT QUAN TUPO

—RIBENYU NENGLI CESHI JIETI RIYU N3 JIAOCHENG

策划编辑 张博学 张 舒　　责任编辑 张 舒
封面设计 姜 磊　　版式设计 姜 磊
责任绘图 杨伟露　　责任校对 巩 婕
责任印制 张益豪

出版发行 高等教育出版社
社　　址 北京市西城区德外大街4号
邮政编码 100120
印　　刷 北京中科印刷有限公司
开　　本 787mm × 1092mm 1/16
印　　张 19.75
字　　数 333千字
购书热线 010-58581118
咨询电话 400-810-0598
网　　址 http://www.hep.edu.cn
http://www.hep.com.cn
网上订购 http://www.hepmall.com.cn
http://www.hepmall.com
http://www.hepmall.cn
版　　次 2025年4月第1版
印　　次 2025年4月第1次印刷
定　　价 52.00元

前言

一、编写背景

近年来，随着全球化的深入发展和信息技术的不断进步，中日两国在经济、文化、社会、教育等各方面的合作与交流日益加深，日语学习需求也随之不断增加。

日本语能力测试（JLPT / The Japanese-Language Proficiency Test）自1984年设立以来，已经成为衡量非日语母语者日语能力的重要标准。我国是全球参加此考试人数最多的国家。

为帮助广大日语学习者顺利通过各级别的考试，数位资深高校教师及沪江网校培训名师组成编写团队，基于多年的一线教学实践和备考辅导经验，依据最新的考试大纲，精心设计、编写了《JLPT全突破——日本语能力测试 阶梯日语》系列教材，并邀请国内日语学界的资深专家对教材编写进行了指导，请具有丰富教学经验的日籍专家参与校审。为确保教材贴合学生的学习需求和教师的教学实践，编写团队多次走访调研，深入一线收集教师和学生对书稿的反馈，系统梳理了试用教材的情况，并针对问题进行修改和完善，以期为国内学习者提供一套系统全面、科学严谨、实用高效的备考教材。经过数轮试教试用，教材收获了学习者的广泛好评。

二、教材构成与编写特点

本系列教材由N5—N1教程（其中N1教程分为上、下两册，共6册）、N3—N1专项训练（共3册）及N3—N1模拟题（共3册）构成。主教材涵盖各级别考试所要求掌握的文字、词汇、语法等语言知识，通过系统性的讲解和仿真练习，帮助学习者夯实语言基础，掌握语言技能，提高应试水平。

本系列教材为“一册一级”，具有较强的针对性。教材中的词汇、语法、句型等语言知识覆盖相应等级考试的核心内容，全面对应考试核心知识点，助力学习者顺利通过各级别日本语能力测试。

主教材内容围绕赴日交换留学的唐琦琦及其大学同学的生活、学习和工作展开，富有时代性。在每课的情景对话中，唐琦琦和她的同学们将随时间推移，经历实习、考研、求职 / 创业等成长阶段，并探讨人生话题，选材新颖，富有时代气息。

本系列教材实用性强，每课的课文部分介绍当代日本的社会、经济、文体、教育等情况，向学习者提供生活场景、商务场景及学术场景的语言材料，在满足 N5 至 N1 各级别应试需求的同时，帮助学习者实现多元的日语学习目标，培养全球视野，提高跨文化交际能力。

因编者能力有限，教材中难免存在不足之处，我们诚挚希望使用本系列教材的各位教师和学习者提出宝贵意见，以便再版改进。同时，希望本系列教材不仅助力学习者提高日语能力、顺利通过考试，也能够加深大家对日本语言和文化的理解。

本册使用说明

本册教材为已经达到N4水平的学习者编写，适用于自学或课堂教学。建议每课4学时，全书共使用72学时完成教学。本册教材学习结束后，学习者可基本达到N3水平。本册教材的情景对话场景包括社团活动、课堂讨论、娱乐休闲、探望病人等，课文涉及音乐、电影、体育、文学、动漫、婚恋观等热门话题，全面覆盖N3级别要求掌握的1200个核心单词和145条语法项目。

本册教材的结构

本册教材由正课单元和附录构成。

1. 正课单元

   共4个单元，每单元包含4课。单元后设有单元小结。

2. 附录

   附录包括动词活用表、单词索引以及语法项目索引。

各课的构成

1. 情景对话——结合各课的学习重点编写而成，围绕唐琦琦及其大学同学的校园生活展开。
2. 语法说明（1）——情景对话中所出现语法项目的解释说明。简明扼要地解释语法项目，介绍重点单词的含义与用法，提示应掌握的常用句型。
3. 词汇（1）——情景对话及语法说明（1）中出现的生词。
4. 课文——有关日本电影、音乐、文学、艺术等话题的文章。
5. 语法说明（2）——课文中所出现语法项目的解释说明。简明扼要地解释语法项目，介绍重点单词的含义与用法，提示应掌握的常用句型。

6. 词汇（2）——课文及语法说明（2）中出现的生词。
7. 练习——仿照日本语能力测试试题题型，设置读写、单项选择、组词成句、听力等题型，考查学习者对日语单词的读写、含义及用法的掌握程度，帮助学习者巩固本课所学的句型和语法知识。本教材还设置汉译日等题目，提高学习者的日语综合运用能力。
8. 词汇（3）——练习题（包括听力材料）以及课题中出现的生词。
9. 课题——松尾老师所给出的课后任务，每个课题模块中都提供示范短文，供学习者参考和学习。
10. 专栏——介绍日本社会文化常识，帮助学习者更好地理解情景对话和课文内容。

单元小结

单元小结主要归纳总结本单元出现的语法项目和句型。如：

句型	含义	例句	课数
～はもちろん	……自不用说，就连……也……	この学校(がっこう)では、外国語(がいこくご)はもちろん、外国(がいこく)の文化(ぶんか)や習慣(しゅうかん)についても教(おし)えている。	1

●“课数”表示该语法项目或句型首次出现的课次。

本册教材使用的缩略语

名 > 名词	专 > 专有名词	副 > 副词
连体 > 连体词	接续 > 接续词	接头 > 接头词
接尾 > 接尾词	感 > 感叹词	助 > 助词
动 > 动词	动 1 > 一类动词	动 2 > 二类动词
动 3 > 三类动词	自动 > 自动词	他动 > 他动词
自他动 > 自动词・他动词	イ形 > イ形容词	ナ形 > ナ形容词
代 > 指示代词	助数 > 助数词	助动 > 助动词

本册教材使用的符号

⓪①②③……：声调符号
～：代替单词或者短语
/：表示前后两项可以替换

本教材使用的语法体系

1. 与“学校语法”的对应

本教材采用不同于“学校语法”的语法体系，现归纳本教材使用的语法术语，与“学校语法”体系术语对照如下。

<动词活用形对照表>

本教材使用的语法术语	学校语法术语	例
ない形	未然形＋助动词“ない”	言わない
意志形	未然形＋助动词“う/よう”	言おう
ます形	连用形＋助动词“ます”	言います
て形	连用形＋接续助词“て”	言って
た形	连用形＋助动词“た”	言った
基本形	终止形、连体形	言う
ば形	假定形＋接续助词“ば”	言えば
可能形	可能动词、未然形＋助动词“れる/られる”	言える
被动形	未然形＋助动词“れる/られる”	われる
使役形	未然形＋助动词“せる/させる”	言わせる

● 本教材中“动词~~ます~~形”指动词ます形去掉「ます」的连用形式，如「言い」。

<词类名称>

本教材使用的语法术语	学校语法术语
一类动词	五段活用动词
二类动词	上一段活用动词、下一段活用动词
三类动词	サ变动词、カ变动词
イ形容词	形容词
ナ形容词	形容动词

< 其他语法术语 >

本教材使用的语法术语	学校语法术语
小句	节
复句	复文

2.　本教材使用的其他相关术语

(1)　活用

日语的动词、形容词、助动词根据其不同作用，词形会发生变化，也指其变化体系。

(2)　名词修饰形式

也叫“连体形”，指连接体言的形式，包括动词简体形、イ形容词简体形、ナ形容词词干＋な。

(3)　形式体言

属于名词的一种，但没有实际意义。其语法作用是接在用言后面，使前接成分在形式上具有名词的性质。用法与名词一致。

(4)　小句

句子中的成分如果不是单词，而是一个句子，则把这个句子称作小句。

如「李さんは日本に行くと思います」中的「李さんは日本に行く」是一个小句。

(5)　简体句

以简体形式结句的判断句、存在句、描写句、陈述句被称作简体句。

(6)　词干

有词尾变化的单词，其不发生变化的部分称作词干。比如：

イ形容词由“词干”＋「い」构成；

ナ形容词由“词干”＋「だ」构成。

(7)　复合动词

从含义和词形可看作是由两个动词构成的动词。

配套资源与增值服务获取方式

配套音频、参考答案及课文译文：扫描教材封底相应二维码即可免费获取。

数字课程增值服务：

1. 下载手机客户端（ismart.hep.com.cn/download.html），注册账号并登录；
2. 刮开教材封底防伪码；
3. 使用手机客户端首页左上角“扫一扫”功能，扫描防伪码，即可购买配套数字课程，享受增值服务；
4. 选择相应课程，开始学习。

如有账号问题，请发邮件至：ismart@hep.com.cn。

主要出场人物介绍

①唐琦琦（女）：中国留学生，大学二年级，喜欢唱歌、旅游。
②金敏惠（女）：韩国留学生，喜欢和朋友一起玩。
③罗布（男）：英国留学生，喜欢运动。
④青木祐太（男）：日本人，喜欢看科幻电影。
⑤佐佐木玲子（女）：日本人，唐琦琦的学伴。
⑥松尾雅也（男）：日本人，大学老师，喜欢漫画。
⑦秋野翼（男）：日本人，学校乐队贝斯手，性格内敛，做事认真。
⑧樱井胡桃（女）：日本人，学校乐队鼓手，长相可爱，性格活泼，对音乐很认真。
⑤
⑥
⑦
⑧

目录

JLPT全突破——日本语能力测试
阶梯日语 N3 教程

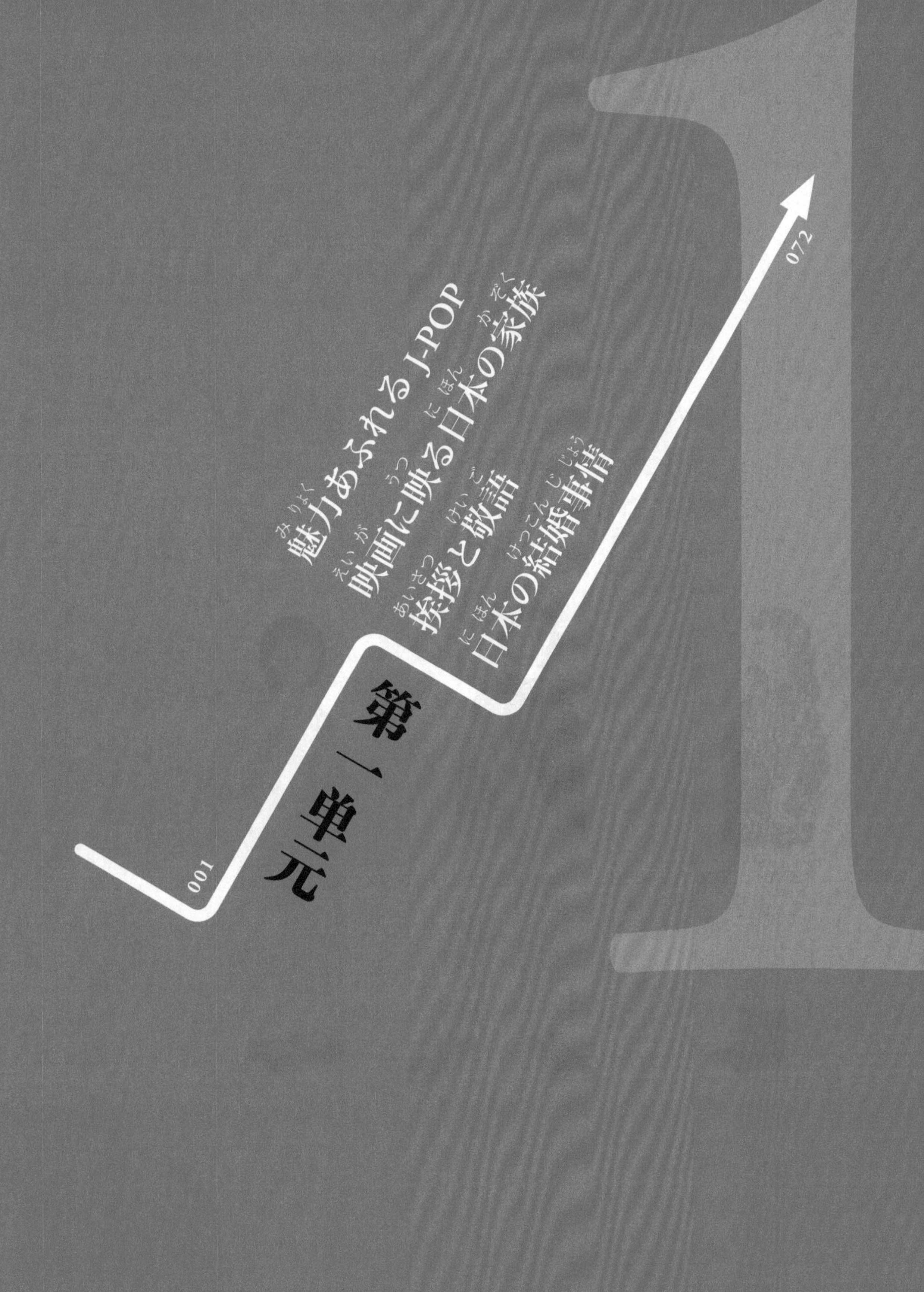

第一単元
魅力あふれるJ-POP
映画に映る日本の家族
挨拶と敬語
日本の結婚事情
001
072

第一課 魅力あふれるJ-POP

（唐琦琦在校门口遇到了同社团的秋野翼）

唐琦琦：　あ、秋野さん、おはようございます。

秋野翼：　おはよう。

唐琦琦：　今年もよろしくお願いします！

秋野翼：　うん。

（此时同社团的樱井胡桃从后面拍了拍秋野翼的头）

桜井胡桃：こら！また、そんな態度。呆れる。琦琦ちゃんにちゃんと挨拶しなさい。

唐琦琦：　あ、大丈夫ですよ。

桜井胡桃：琦琦ちゃん、気にしないでやってね。こいつ、音楽を語る以外は基本無口で、ちょっと扱いにくいんだけど、いいやつよ。バンド仲間としても信頼できる頼もしい存在なの。

唐琦琦：　はい、分かっています。この間も曲のアレンジでとてもいいアドバイスをいただきました。とても助かりました。

桜井胡桃：　琦琦ちゃん、今年もみんなでいい曲を作っていきましょう。

唐琦琦：　はい！学年も学部も学科も違う皆さんと一緒に音楽をやるのは本当に楽しいです。皆さん、今年もなにとぞよろしくお願いします。

桜井胡桃：　ほら、翼。

秋野翼：　分かったよ。よろしく。

语法说明 1

1. ～てやってください

琦琦ちゃん、気にしないでやってね。

（琦琦，请别放在心上。）

接续： 动词て形＋やってください

用法： 「～てやる」是行为的授受表达，表示"为身份、地位比自己低或关系非常好的人做某事，让对方受益"。「～てください」表示"请求对方做某事"。两个表达叠加在一起使用，表示"说话人请求对方为身份、地位比自己低或关系非常好的人做某事"。如果说话双方关系很好，还可以省略「ください」，或用「～てやってくれ」等形式。

例句：

① ぜひ、弟に英語を教えてやってください。/ 请一定要教我弟弟英语。

② 息子を分かってやってください。/ 请理解我的儿子。

③ 理由を渡辺君に説明してやってくれない？/ 能帮我向渡边解释一下原因吗?

④ 怒らないで話を聞いてやってくれ。/ 你别生气，听听他怎么说。

2. ～として

バンド仲間としても信頼できる頼もしい存在なの。

（在乐队里也是值得信赖的很可靠的人呢。）

接续： 名词 + として / としての / としても

用法： 用来表示立场、观点和角度等，可用于人或事物。如果表示和人有关的内容，通常接在表示人物的立场、身份、性别等的名词后面。意思是"作为……""把……当作……"。

例句：

① 姉は大学を卒業して日本語教師として働いている。/ 姐姐大学毕业后从事日语教师的工作。

② 医師としての父を心から尊敬している。/ 我发自内心地尊重做医生的父亲。

③ 人生の先輩としても我が子の夢を応援したい。/ 作为人生的前辈，我也愿意支持孩子的梦想。

词汇 1

词汇	词性	释义	级别
扱う（あつかう）③⓪	【他动 1】	对待，使用；处理，办理	N2
呆れる（あきれる）⓪	【自动 2】	惊呆，无话可说	N2
語る（かたる）⓪③	【他动 1】	谈，说	N2
信頼（しんらい）⓪	【名】【他动 3】	信赖，相信	N2
頼もしい（たのもしい）④	【形】	可靠的；有出息的	N2
存在（そんざい）⓪	【名】【自动 3】	存在	N2
アレンジ②	【名】【他动 3】	改编；安排；调停；编曲	N1
尊敬（そんけい）⓪	【名】【他动 3】	尊敬，敬佩	N3
無口（むくち）①	【名】【ナ形】	不爱说话，沉默寡言	N2
翼（つばさ）⓪	【名】	翼，翅膀；机翼	N1
学年（がくねん）⓪	【名】	学年，年级	N3
学部（がくぶ）⓪①	【名】	院，系	N2

学科（がっか）⓪	【名】	学科；专业；科目	N3
医師（いし）①	【名】	医生	N3
才能（さいのう）⓪	【名】	才华，才能	N3
我が（わが）①	【连体】	我的	
なにとぞ⓪	【副】	请，务必	N1

魅力あふれるJ-POP

遠く離れた場所に住む少年と少女が、夢の中で体が入れ替わってしまうという不思議な現象で繋がり、運命の恋に落ちる。

これは日本のアニメ界を代表する監督が制作したアニメ映画『君の名は。』のあらすじだ。この映画は、日本でも海外でも大ヒットした。成功した理由は、感動的なストーリーや美しい映像はもちろんのこと、J-POPバンドによるテーマ曲も大きな役割を果たした。

特に、主題歌『前前前世』や『なんでもないや』は、心に響く楽曲となり、何度聞いても飽きることがない。物語性豊かな歌詞と情熱的なメロディーは、映画を見た人々の心に深く刻まれただろう。

１９９０年頃から、日本で制作されたポピュラー音楽は「J-POP」と呼ばれるようになり、その独自の魅力で、日本だけでなく、世界中で支持されるようになっている。たくさんの歌手はシンガーソングライターとして世界的に高い人気を得ている。

米津のヒット曲『Lemon』は、大切な人を失った悲しみやその人を思う永遠の愛を歌った曲だ。聞いた人は、彼の感情を込めて作った歌詞や独特な歌声に強く共感するという。発売の翌年にはミュージック・ビデオ（MV）の再生回数が３億を突破した。

一方で、「小説を音楽にする」という独自のコンセプトで活動する二人組のバンドYOASOBIは、小説・音楽・映像という多様な角度から楽しめる作品を作る。独特な歌詞やメロディー、リズム、そして魅力的なボーカルで多くの人の心を掴み、総再生回数は２４億を超えたという。

J-POPによって日本の音楽文化の魅力に触れた人も多い。多様なスタイルや繊細な感情表現を特徴とする音楽は、今後も世界中のファンを魅了しつづけるだろう。

1. ～はもちろん／はもとより

成功した理由は、感動的なストーリーや美しい映像はもちろんのこと、J-POPバンドによるテーマ曲も大きな役割を果たした。

（说到其成功的原因，不仅在于动人的故事与优美的画面，J-POP乐队RADWIMPS为电影所作的主题曲也发挥了很大的作用。）

接续： 名词＋はもちろん

用法： 「もちろん」是“当然，自不必说”的意思，常常和「も／までも／でも」等搭配使用，意思是“……自不必说，……也……”。「～はもとより」比「～はもちろん」更加正式，常用于书面语。

例句：

① この授業は、外国語はもちろん、外国の文化や習慣についても教えている。／这门课不仅教授外语，还介绍外国的文化和习俗。

② ディズニーランドは週末はもちろん、平日も混んでいる。／迪士尼乐园周末就不用说了，平时也很拥挤。

③ このアニメはストーリーはもちろん、音楽もすごくいい。／这部动漫不仅情节非常精彩，配乐也很棒。

④ 彼は勉強はもちろん、スポーツも万能だ。／他不仅学习好，体育方面也很全能。

2. ～による／により／によって（は）

J-POP バンドによるテーマ曲も大きな役割を果たした。

（J-POP 乐队 RADWIMPS 为电影所作的主题曲也发挥了很大的作用。）

接续： 名词＋による／により／によって（は）

用法： 「よる」表示“根据，缘由”，「～による」表示动作、行为的出处。意思是“由……”“根据……”“由于……”。

例句：

① このアルバムには有名な作曲家による作品が収録されている。／这张专辑收录了著名作曲家的作品。

② この音楽ホールは中国を代表する建築家により設計された。／这个音乐厅是中国著名建筑师设计的。

③ アメリカ大陸はコロンブスによって発見された。／美洲大陆是哥伦布发现的。

3. ～だけでなく

日本だけでなく、世界中でその独自の魅力が支持されるようになった。

（不仅在日本，在全世界范围内都因其独特的魅力而受到支持。）

接续： 动词 / イ形容词 / ナ形容词的名词修饰形 + だけでなく

名词 + だけでなく

用法： 表示递进关系，"事物的状态不止一个，或多个事物具有相同情况"。意思是"不仅……"。

例句：

① 図書館では本が借りられるだけでなく、文献検索の方法なども教えてもらえる。/ 在图书馆不仅可以借书，还可以学习查找文献的方法。

② 大学の食堂は安いだけでなく、おいしい。/ 大学的食堂不仅便宜，而且好吃。

③ 先輩は親切なだけでなく、いろいろなことも教えてくれる。/ 学长不仅十分热心，还教我各种事情。

④ 肉だけでなく、野菜もしっかり食べなさい。/ 不仅要吃肉，也要多吃蔬菜。

4. ～を込める

聞いた人は、彼の感情を込めて作った歌詞や独特な歌声に強く共感するという。

（据说听过的人都因其饱含感情的歌词和独特的音色而产生强烈的共鸣。）

接续： 名词 + を込める

用法： 表示"将说话人的情感等包含在行为中"。前项通常是「感情」「愛情」

「願い」等表示说话人情感或愿望的名词。意思是“饱含着……”。

例句：

① 母の日に、感謝の気持ちを込めて、母に手紙を書きました。/ 母亲节那天，我怀着感谢之情给妈妈写了一封信。

② 娘のために、毎日愛情を込めてお弁当を作っています。/ 我每天都为女儿准备爱心便当。

③ もうすぐ七夕ですね。心を込めて短冊にお願いごとを書きましょう。/ 很快就是七夕了。我们用心把心愿写在纸笺上吧。

5. ～一方で / 一方では～（他方では～）

一方で、「小説を音楽にする」という独自のコンセプトで活動する二人組のバンド YOASOBI は、小説・音楽・映像という多様な角度から楽しめる作品を作る。

（另一方面，双人组合 YOASOBI 以“把小说变成音乐”这一独特理念开展歌唱事业，创作了很多可以从小说、音乐、影像等多种角度欣赏的作品。）

接续： 动词 / イ形容词 / ナ形容词的名词修饰形 + 一方（で）/ 一方では～（他方では～）

ナ形容词词干 / 名词 + である + 一方（で）/ 一方では～（他方では～）

用法： 表示同一事物的不同方面。意思是“一方面……，另一方面……”。

例句：

① 志望校に合格したのはうれしい一方で、高額な学費が払えるか心配になってきた。/ 一方面为自己被报考学校录取而高兴，另一方面开始担心自己能否负担得起高昂的学费。

② 試合が中止になって、残念な一方で、出なくて済むと思うとほっとした気もする。/ 比赛被取消，我虽然也有些失望，但想到不用上场又好像松了一口气。

③ サラリーマンである一方で、小説家でもある。/ 他是一名上班族，同时还是个小说家。

④ 一方ではやめたい気持ちだが、他方ではもう少し頑張りたい気

持ちもあって、自分でもどっちが本音か分からない。/ 一方面想放弃，另一方面又想再坚持一下，自己也不知道哪一个才是真实的想法。

⑤ 田舎の生活に憧れる人がいる。一方では、大きな都市に住んでみたい人もいる。/ 有人向往田园生活，但也有人想体验大城市生活。

6. ～を～とする

多様なスタイルや繊細な感情表現を特徴とする音楽は……

（以多样的音乐风格和细腻的感情表现为特征的音乐……）

接续： ① 名词 1 ＋を＋名词 2 ＋として

② 名词 1 ＋を＋名词 2 ＋とする / とした＋名词

用法： 意思是“把名词 1 当作名词 2”。

例句： ① 二つの大学では学生の交流を目的とするキャンプが年に一度実施されます。/ 两所大学为了促进学生间的交流，每年都组织一次露营活动。

② 明日、JLPT を受ける学生を対象とした補習を行う。/ 我明天给参加日本语能力测试的学生补课。

③ 日本語を母国語とする人は留学生試験を受験できません。/ 母语是日语的人不能参加留学生考试。

④ 姉たちは結婚を前提として付き合っています。/ 姐姐他们正在以结婚为目标进行交往。

词汇 2

響く（ひびく）②	【自动 1】	回响；扬名；影响	N2
入れ替わる（いれかわる）④	【自动 1】	替换，更换，调换	*
役割（やくわり）⓪③	【名】	分派的职务，分配的任务	N2

果たす（はたす）②	【他动1】	完成，实现；……光，……尽	N2
繋がる（つながる）⓪	【自动1】	连接；牵连，有关联	N2
飽きる（あきる）②	【自动2】	腻烦；厌烦	N2
刻む（きざむ）⓪	【他动1】	切细；雕刻；铭刻	N2
失う（うしなう）⓪	【他动1】	丢失；失落；错过	N2
永遠（えいえん）⓪	【名】【ナ形】	永远，永久，永恒	N2
掴む（つかむ）②	【他动1】	抓住；掌握；获得	N3
触れる（ふれる）⓪	【自动2】	接触，触摸；触动，引起	N2
感情（かんじょう）⓪	【名】	感情，情感	N2
魅了（みりょう）⓪	【名】【他动3】	吸引；使人入迷	N2
ボーカル⓪①	【名】	（乐队）主唱	N2
魅力的（みりょくてき）⓪	【ナ形】	有魅力的	*
特徴（とくちょう）⓪	【名】	特征；特色；特点	N2
歌声（うたごえ）③⓪	【名】	歌声	N2
シンガー①	【名】	歌手	N4
制作（せいさく）⓪	【名】【他动3】	创作；制作；作品	N2
監督（かんとく）⓪	【名】【他动3】	导演；教练	N2
支持（しじ）①	【名】【他动3】	支持，拥护	N2
再生（さいせい）⓪	【名】【自他动3】	播放	N2
突破（とっぱ）⓪①	【名】【他动3】	突破，冲破	N2
恋（こい）①	【名】	爱情	N3
共感（きょうかん）⓪	【名】【自动3】	同感，共鸣	N2
繊細（せんさい）⓪	【名】【ナ形】	纤细；细腻	N2
多様（たよう）⓪	【ナ形】	多样，各式各样	N2
角度（かくど）①	【名】	角度；立场	N2
映像（えいぞう）⓪	【名】	映像；影像	N2
ライター①	【名】	作家	*
独自（どくじ）①⓪	【名】【ナ形】	独自；独特，特色；个人	N2
コンセプト①③	【名】	概念，观念	N2

恐ろしい（おそろしい）④	【イ形】	可怕的；非常的；惊人的	N3
勢い（いきおい）③	【名】	气势，劲头	N2
現象（げんしょう）⓪	【名】	现象	N2
ポピュラー①	【名】	流行	N2
少年（しょうねん）⓪	【名】	少年	N4
少女（しょうじょ）①	【名】	少女	N3
運命（うんめい）①	【名】	命运；将来	N2
ストーリー②	【名】	故事；情节	N3
大ヒット（だいひっと）③	【名】【自动3】	大受欢迎；大获成功	*
情熱（じょうねつ）⓪	【名】	热情；激情	N2
楽曲（がっきょく）⓪	【名】	乐曲	N2
独特（どくとく）⓪	【ナ形】	独特，特有	N2
メロディー①	【名】	旋律	N2
物語性（ものがたりせい）⓪	【名】	故事性	*
歌詞（かし）①	【名】	歌词	N2
主題（しゅだい）⓪	【名】	主题；主要内容	N2
粗筋（あらすじ）⓪	【名】	概略；概要	N1
翌年（よくねん/よくとし）⓪	【名】	翌年，次年	N2
リズム①	【名】	节奏，节拍，韵律	N2
ほっと⓪①	【副】【自动3】	轻微叹气；放心，安心	N2
収録（しゅうろく）⓪	【名】【自动3】	录制，录像；收录，登载	N2
志望（しぼう）⓪	【名】【他动3】	志愿；报考	N2
補習（ほしゅう）⓪	【名】【他动3】	补习，补课	N2
実施（じっし）⓪	【名】【他动3】	实施；实行	N2
万能（ばんのう）⓪	【名】【ナ形】	全能，全才；万能	N2
高額（こうがく）⓪	【名】	高额	N2
本音（ほんね）⓪	【名】	真心话，实话	N2
前提（ぜんてい）⓪	【名】	前提，事物发生的必要条件	N2
サラリーマン③	【名】	工薪族，职员	N3

田舎（いなか）⓪	【名】	乡下，农村	N4
愛情（あいじょう）⓪	【名】	爱情，友情，亲情	N3
短冊（たんざく）⓪	【名】	纸笺，长条纸	N2
大陸（たいりく）⓪①	【名】	大陆	N2

练习

一、读写

1. 根据汉字写出假名。

❶無口　❷信頼　❸存在　❹尊敬　❺万能

（　　）（　　）（　　）（　　）（　　）

❻現象　❼運命　❽監督　❾粗筋　❿役割

（　　）（　　）（　　）（　　）（　　）

2. 根据假名写出汉字。

❶せいさく　❷しゅだい　❸がっきょく　❹かし　❺どくじ

（　　）（　　）（　　）（　　）（　　）

❻しじ　❼かんじょう　❽さいせい　❾とっぱ　❿かくど

（　　）（　　）（　　）（　　）（　　）

二、单项选择　从 1、2、3、4 中选出填入（　）内的最佳选项。

1. 父（ちち）はどんな辛（つら）い時（とき）でも家族（かぞく）を支（ささ）えてくれる。私（わたし）も将来（しょうらい）、父（ちち）のような（　）存在（そんざい）になりたい。

　1. ふさわしい　2. たのもしい　3. さわがしい　4. おとなしい

2. 大学（だいがく）を選（えら）ぶことについて（　）をお願（ねが）いできますか。

　1. アドバイス　2. テーマ　3. メロディー　4. コンセプト

3. 多（おお）くの人（ひと）が地震（じしん）で家（いえ）を（　）。

　1. おちた　2. きざんだ　3. うしなった　4. ふれた

4. この二（ふた）つのことはどこかで（　）いる気（き）がする。

　1. つながって　2. はなれて　3. はたして　4. こめて

5. この漫画の（　　）化された作品は十月からテレビで放送される予定です。

1. 写真　　2. 画面　　3. 画像　　4. 映像

6. 日本で勉強（　　）間に、もっと日本文化に触れたい。

1. する　　2. した　　3. している　　4. していた

7. 旅行は私たちに楽しさを与えてくれる（　　）視野も広げてくれる。

1. だけでは　　2. だけでなく　　3. だけに　　3. だけでも

8. 日本の夏はとても蒸し暑い。（　　）冬にはかなり寒くなり、大雪が降る地域もある。

1. だから　　2. それで　　3. いっぽうで　　4. つまり

9. 医学の進歩（　　）、人類の寿命が延びた。

1. により　　2. にとって　　3. として　　4. にたいして

10. うちの犬は 8 匹も子犬を産んだんです。かわいい子犬を（　　）。

1. くれてやってください　　2. もらってやってください

3. くれてあげてください　　4. もらってもらってください

三、组词成句　**从 1、2、3、4 中选出填入＿＿*＿＿的最佳选项。**

1. （　　）学校では、＿＿＿＿＿ ＿＿＿＿＿、＿＿*＿＿ ＿＿＿＿＿教えている。

1. 外国語　　2. についても　　3. もちろん　　4. 国語は

2. （　　）彼は＿＿＿＿＿ ＿＿＿＿＿、＿＿*＿＿ ＿＿＿＿＿。

1. 国内　　2. 海外でも　　3. だけでなく　　4. 活躍している

3. （　　）父の日には、いつも＿＿＿＿＿ ＿＿＿＿＿、＿＿*＿＿ ＿＿＿＿＿プレゼントを贈った。

1. 頑張っている　　2. 感謝の気持ちを

3. お父さんに　　4. 込めて

4. （　　）日本での＿＿＿＿＿ ＿＿＿＿＿、＿＿*＿＿ ＿＿＿＿＿。

1. 生活を　　2. 開かれる

3. スピーチ大会が　　4. テーマとした

5. （　　）青木さん、ロブさんを空港＿＿＿＿＿ ＿＿＿＿＿、＿＿*＿＿ ＿＿＿＿＿。

1. 見送りに　　　　　　　　2. まで

3. 行って　　　　　　　　　4. やってください

四、汉译日

1. **作为现代社会的一员，每个人都必须重视环境问题。（～として）**

____。

2. **我被这本小说中饱含的感情打动了。（込める）**

____。

3. **他成绩自不必多说，性格也很好。（～はもちろん）**

____。

五、听力

1. **听录音，写出括号中空缺的单词。**

(1) 彼はいつも頼もしいから、（　　　　）できる人だと思います。

(2) 私は来年の夏休みに（　　　　）する予定です。

(3) A 監督はこの 10 年間、20 本以上の映画を（　　　　）している。

(4) 映画の放映会は大（　　　　）でした。

(5) この地方の気候の（　　　　）は冬がとても寒いことです。

2. **听录音，从 1、2、3、4 中选出正确选项。**

1. 好きなアニメの主題歌に使われたから
2. ポップの歌手のインタビューを見たから
3. メロディーに共感したから
4. クラシックに飽きたから

3. **听录音，从 1、2、3、4 中选出正确选项。**

1. 商業的な成功と個性の実現を両立させること
2. より多くのテーマを一曲に凝縮させること
3. 世界の注目を惹きつけるために、宣伝をすること
4. 人々を共感させるために、歌詞やメロディーなどを工夫すること

惹きつける（ひきつける）④	【他动 2】	吸引，引诱	
支える（ささえる）⓪③	【他动 2】	支持；维持	N2
延びる（のびる）②	【自动 2】	延长；推迟，延期	N2
医学（いがく）①	【名】	医学	N2
進歩（しんぽ）①	【名】【自动 3】	进步，逐渐好转	N2
寿命（じゅみょう）⓪	【名】	寿命；耐用期限	N2
産む（うむ）⓪	【他动 1】	分娩，生孩子；产生	N2
子犬（こいぬ）⓪	【名】	小狗	N4
留める（とめる）⓪	【他动 2】	留心，注目；留，留下	N3
作曲（さっきょく）⓪	【名】【自他动 3】	作曲，配曲，谱曲	N2
放映（ほうえい）⓪	【名】【他动 3】	播送，播放	N1
画面（がめん）⓪①	【名】	画面；（电影、电视的）场面	N3
画像（がぞう）⓪	【名】	画像；图像，画面；图片	N2
工夫（くふう）⓪	【名】【他动 3】	开动脑筋，想办法；方法，办法	N2
両立（りょうりつ）⓪	【名】【自动 3】	并存	N2
インタビュー①	【名】【自动 3】	采访，访问	N3
関連（かんれん）⓪	【名】【自动 3】	关联，联系；事物之间有关系	N2
相応しい（ふさわしい）④	【イ形】	适合的；相称的	N2
騒がしい（さわがしい）④	【イ形】	吵闹，嘈杂；议论纷纷	N2
蒸し暑い（むしあつい）④	【イ形】	闷热	N3
人類（じんるい）①	【名】	人类	N2
気候（きこう）⓪	【名】	气候	N2
聴衆（ちょうしゅう）⓪	【名】	听众	N1
視野（しや）①	【名】	视野；眼光，眼界，见识	N2
大雪（おおゆき）⓪	【名】	大雪	N3
凝縮（ぎょうしゅく）⓪	【名】【自动 3】	凝缩，凝聚；冷凝	N2
商業（しょうぎょう）①	【名】	商业	N2
分野（ぶんや）①	【名】	领域，范围，方面，岗位	N2
ホール①	【名】	会客厅，门厅；大厅，剧场	N2

课题

你有喜欢的歌曲吗？请介绍一首你喜欢的歌曲，并说明原因。以下是唐琦琦的作文。

感動した一曲

中学校を卒業する時、「巣立ちの歌」という歌を初めて聞いた。日本では、卒業式でよく歌われるそうだ。短い歌詞で美しいシーンを描いたこの歌にとても感動した。一方、中国では、卒業式でよく「送別」（別れを告げる）という歌を歌う。卒業という終わりの時に別れを惜しむ歌だ。しかし、「巣立ちの歌」は、卒業を旅の終わりではなく、新しい旅のスタートとしている。先生や友人との大切な思い出を胸に、新しい未来へ向かって歩みだすのだ。そのことに気づかさせてくれたのは「巣立ちの歌」だ。ゆっくりと流れるメロディーは、いつも新しい目標に向かう私に勇気をくれるのだ。(267)

专栏

红白歌会

红白歌会是日本每年 12 月 31 日播出的传统音乐节目，1951 年首次举办以来，它已成为日本乐坛最大的年度盛事之一。

红白歌会采取红白两队歌唱比赛的形式。红队由女歌手组成，白队由男歌手组成，汇集了演歌、民谣、摇滚、流行歌曲等各种不同音乐类型的艺术家，既有屹立乐坛几十年的资深艺术家，也有当年初登龙门的新秀。入选红白歌会，对表演者而言是极高的荣誉，每一位歌手都在舞台上展示代表自己最高水平的作品。红白歌会最受瞩目的是被称作“Otori”的压轴节目，出演这一环节的往往是知名度最高的顶级艺术家。

红白歌会在海外也广受关注。喜爱日本音乐和日本文化的观众可以通过这一窗口了解日本最新的音乐潮流。

第二課

映画に映る日本の家族

（假期结束后，罗布跟同学们分享寒假拍电影的经历）

ロブ：　みんな、久しぶり！あっという間に四年生になったね。

金敏恵：　久しぶり！ロブさんは今日なんか嬉しそうね。春休みに何かいいことあったの？

ロブ：　僕、実はエキストラとしてアクション映画に出たんだ！道を歩いていたら、映画に出てみないかっていきなり声をかけられて。

金敏恵：　うそ！すごい！それで？

ロブ：　僕も最初は耳を疑ったよ。でも、本当にそれでオーディションに行ったんだ。空手を習っているから、すぐ監督に選ばれた。

金敏恵：　かっこいい！ロブさんが出た映画、見てみたい！ロブさんはこれから俳優になるの？

ロブ：　そんなに簡単になれないよ。や、カットされるかもしれないけど。

唐琦琦：　たとえカットされても、そういう経験をさせてもらえただけでも十分すごいと思うよ。

ロブ：　僕もそう思う。日本映画の大ファンで、まさか自分が撮影現場に出られるなんて、夢にも思わなかったからね。

金敏恵：　一生自慢できるいい経験ができてよかったね。

语法说明 1

1. ～の

春休みに何かいいことあったの？

（春假时有什么好的事情吗？）

接续： 动词 / イ形容词的简体形 + の

ナ形容词词干 / 名词 + な + の

用法： 表示“疑问或判断主张”，意思是“……吗”“是……的”。

例句：

① これはお父さんへのプレゼントなの。/ 这是给爸爸的礼物。

② 昨日学校に行かなかったの？/ 昨天没去学校吗?

③ その映画って面白いの？/ 那部电影有意思吗?

④ 友達と一緒に料理を作るのが大好きなの。/ 我特别喜欢跟朋友一起做饭。

2. ～って

映画に出てみないかっていきなり声をかけられて。

（被搭话的人问到，想不想演电影。）

接续：　名词 / 动词 / イ形容词 / ナ形容词的简体形 + って

用法：　表示引用，意思是“叫作”“据说，听说”。

例句：

① 山田さんって人が来ました。/ 有个叫山田的人来了。

② 金さん、日本語能力試験 N1 に受かったって。/ 听说金同学通过了日本语能力测试的一级考试。

③ このパソコン、かなり高いって。/ 听说这个电脑相当贵。

④ 夜になると、商店街はかなりにぎやかだって。/ 听说一到晚上，商业街相当热闹。

3. たとえ / たとい～ても

たとえカットされたとしても……

（就算被剪辑掉了……）

接续：　たとえ / たとい + 动词て形 + も

たとえ / たとい + イ形容词 + くても

たとえ / たとい + ナ形容词词干 / 名词 + でも

用法：　表示“即使出现前项情况，后项仍然成立”，意思是“即使……也……”。

例句：

① たとえ専門家でも、全て正しく答えられない。/ 就算是专家也没法全部答对。

② たとえ親に反対されても、野球は絶対に諦めない。/ 即使家长反对，我也不会放弃打棒球。

③ たとえ家賃が安くても、あそこへ住みに行く人は少ない。/ 即使房租便宜，去那里住的人也很少。

④ たとえ大変でも、私は役者になりたい。/ 即使困难，我也想当演员。

4. ～なんか / なんて

まさか自分が撮影現場に出られるなんて、夢にも思わなかったからね。

（真是做梦也没想到，我居然能去到拍摄现场。）

接续： 名词＋なんか / なんて

动词 / イ形容词 / ナ形容词的简体形＋なんて

用法： 表示“列举、自谦、轻视、惊讶、意外等语气”。意思是“……之类的”“……什么的”“竟然……”。

例句：

① 恋愛ドラマなんか興味ない。/ 爱情剧什么的，我一点儿都不感兴趣。

② 海外旅行なんて、お金がかかるから無理よ。/ 出国旅行什么的，太费钱了，没法实现。

③ ここでこんなデカい魚が釣れるなんて思ってもみなかった。/ 没想到在这儿居然能钓到这么大的鱼。

④ 忙しいなんて、ただの言い訳よ。/ 说“太忙”什么的，不过是借口。

⑤ 好きだなんてなかなか言えない。/ “喜欢你”这三个字很难说出口。

词汇 1

疑う（うたがう）⓪	【他动 1】	怀疑，猜测，不相信	N2
あっという間に（あっというまに）⓪	【副】	一眨眼的工夫	N3
まさか①	【副】	难道；决（不），万万（想不到，不会）	N2
嘘（うそ）①	【名】	假话；不正确；不恰当	N2
撮影（さつえい）⓪	【名】【他动 3】	拍摄	N2
アクション①	【名】	动作；格斗表演	N2
エキストラ②③	【名】	临时演员；群众演员	N1
俳優（はいゆう）⓪	【名】	演员	N3

役者（やくしゃ）⓪	【名】	演员；人才	N2
大～（だい）	【接头】	大～（表示状态、程度很深）	N3
ファン①	【名】	～迷，粉丝	N2
一生（いっしょう）⓪	【名】	一辈子，一生	N3
カット①	【他动 3】	剪，切；去掉，删减	N3
買い溜め（かいだめ）⓪	【他动 3】	囤积物资	N3
値上げ（ねあげ）⓪	【名】【他动 3】	提高价格	N3
家賃（やちん）①	【名】	房租	N3
言い訳（いいわけ）⓪	【名】【自动 3】	借口，辩解	N2
自慢（じまん）⓪	【名】【他动 3】	自夸；骄傲；得意	N3
かっこいい④	【イ形】	棒；帅	N3
デカい②	【イ形】	大的，很大	N2
いきなり⓪	【副】	冷不防，突然，马上	N3
オーディション③	【名】	选拔（演员）	N2
空手（からて）⓪	【名】	空手道	N3
商店街（しょうてんがい）③	【名】	商业街	N3

映画に映る日本の家族

日本の映画は、家族関係における細やかな心情を描く作品が多い。その中には大家族の中の孤独な人間を描いたものもあり、企画、脚本、監督、編集のすべてを徹底して一人で行い、記録映画のような演出で家族の形を描き、人間という存在そのものに焦点を当てているものもある。

2013年に公開された映画『そして、父になる』では、親子の絆をテーマに、親子の愛情や責任を描いている。「子どもの取り違え」というショッキングな出来事から、「家族のあり方」について深く考えさせられる作品である。血のつながらない親子の間に絆ができたことに感動を覚えた人は少なくないだろう。

また、2018年に大ヒットした映画「万引き家族」は、社会問題を背景にした物語でありながら、家族の絆や愛情を描いている。

それぞれの事情でつながった家族が、互いに影響し合いながら、それぞれの困難を乗り越えていく姿を描いており、「本当の家族とは何か」を観客に問いかけている。

この作品は、家族の形が多様化する現代社会において、家族のあり方をもう一度考えるきっかけとなっている。

これらの映画は、人間関係における細やかな心情や絆を描くことで、観客に自分自身や周囲との人間関係、さらに日常の中に埋もれている真実について考え直すきっかけを提供している。家族とは何か。親子とは何か。幸せとは何か。心の中で考えをめぐらせながら、映画の余韻に浸ることができる。

语法说明 2

1. ～というのは / とは

「本当の家族とは何か」を観客に問いかけている。

（向观众抛出了“真正的家人是什么”这一问题。）

接续： 名词 + というのは / とは

用法： 表示对前面名词进行解释说明，意思是“所谓……”。

例句：

① みりんというのは、和食に欠かせない調味料の一つだ。/ 甜料酒是日本料理中必不可少的一种调料。

② 同時通訳とは、話し手の発言を聞くとほぼ同時に通訳する方式である。/ 同声传译是指在说话人发言的同时进行翻译的方式。

③ AI とは何の略ですか。/AI 是什么的缩写?

2. ～において / における

この作品は、家族の形が多様化する現代社会において、家族のあり方をもう一度考えるきっかけとなっている。

（在家庭形式多样化的现代社会，这个作品成为了人们重新思考家庭理想状态的契机。）

接续： 名词 + において / における

用法： 接名词后使用，表示“场合、时间、范围等”，意思是“在……之中”“在……方面”。

例句：

① 2022 年北京において冬季オリンピックが行われた。/2022 年北京举办了冬季奥运会。

② 広告の分野において豊富な経験を積んできた。/ 在广告行业积累了丰富的经验。

③ 小学校におけるプログラミング教育の重要性は高まっている。/

小学阶段的编程教育变得日益重要。

3. ～直す

これらの映画は、人間関係における細やかな心情や絆を描くことで、観客に自分自身や周囲との人間関係、さらに日常の中に埋もれている真実について考え直すきっかけを提供している。

（这些作品通过描写人际关系中微妙的感情和羁绊，让观众们更客观地重新审视自己以及自己周边的人际关系，进而重新审视隐藏在日常生活中的事实。）

接续： 动词~~ます~~形＋直す

用法： 构成复合动词，表示“重新做某事”。

例句：
① やり直すチャンスをください。/ 请给我再来一次的机会。
② また後ほどかけ直します。/ 之后再给您打电话。
③ 今回のことで李さんを見直した。/ 这次的事情让我对小李刮目相看。

词汇 2

当てる（あてる）⓪	【他动 2】	碰；贴上，放上；指派	N3
焦点（しょうてん）①	【名】	焦点；中心；目标	N2
戦後（せんご）⓪	【名】	战后；第二次世界大战后	N2
浸る（ひたる）②⓪	【自动 1】	沉浸；浸泡	N2
余韻（よいん）⓪	【名】	余韵	·
見つめる（みつめる）③⓪	【他动 2】	凝视	N2
自身（じしん）①	【名】	自己，本人；本身	N3
埋もれる（うもれる）⓪④	【自动 2】	埋藏，埋没	N2
提供（ていきょう）⓪	【名】【他动 3】	提供，供给	N2
血（ち）⓪	【名】	血；血缘	N3

公開（こうかい）⓪	【名】【他动3】	公开；开放	N2
演出（えんしゅつ）⓪	【名】【他动3】	导演；组织安排	N2
多様化（たようか）⓪	【名】【自动3】	多样化	N2
徹底（てってい）⓪	【名】【自动3】	贯穿始终；贯彻	N2
編集（へんしゅう）⓪	【名】【他动3】	编辑	N2
脚本（きゃくほん）⓪	【名】	剧本	N2
確認（かくにん）⓪	【名】【他动3】	确认；检查	N3
再～（さい）	【接头】	再一次，第二次	N2
代表（だいひょう）⓪	【名】【他动3】	代表	N3
細やか（こまやか）②	【ナ形】	细致；细腻；深厚	N2
孤独（こどく）⓪	【名】【ナ形】	孤独	N2
ショッキング①⓪	【ナ形】	冲击；震动	N2
普遍的（ふへんてき）⓪	【ナ形】	普遍的	N2
真実（しんじつ）①	【名】	真相；现实	N2
あり方（ありかた）③	【名】	应有的状态，理想的状态	·
半（はん）①	【名】	一半	N4
世紀（せいき）①	【名】	世纪，百年	N3
親子（おやこ）①	【名】	父母和子女	N3
絆（きずな）⓪	【名】	扭绳，纽带；羁绊	N1
テーマ①	【名】	主题，主旋律，中心思想	N3
互いに（たがいに）⓪	【副】	互相，彼此	N2
取り違え（とりちがえ）⓪	【名】	拿错；弄错，误解	N2
きっかけ⓪	【名】	机会；开端，契机	N2
万引き（まんびき）⓪	【名】【他动3】	扒窃商店物品，偷东西；偷东西的人	N2
全て（すべて）①	【副】【名】	一切，全部，总共	N3
責任（せきにん）⓪	【名】	责任，职责	N2
日常（にちじょう）⓪	【名】	日常	N2
周囲（しゅうい）①	【名】	周围，四周；环境	N2
心情（しんじょう）⓪	【名】	心情	N2

欠かす（かかす）⓪	【他动1】	缺，缺少	N2
豊富（ほうふ）⓪	【名】【ナ形】	丰富，充足	N2
略（りゃく）②①	【名】	略，省略	N2
プログラミング④	【名】	程序设计	N2
ペーパーレス③	【名】	节约用纸，无纸化	*

练习

一、读写　**1. 根据汉字写出假名。**

❶嘘　❷撮影　❸一生　❹家賃　❺役者

（　　）（　　）（　　）（　　）（　　）

❻心情　❼代表　❽豊富　❾編集　❿徹底

（　　）（　　）（　　）（　　）（　　）

2. 根据假名写出汉字。

❶こどく　❷きゃくほん　❸えんしゅつ　❹きずな　❺せきにん

（　　）（　　）（　　）（　　）（　　）

❻ていきょう　❼しんじつ　❽しゅうい　❾よいん　❿じゅうらい

（　　）（　　）（　　）（　　）（　　）

二、单项选择　**从1、2、3、4中选出填入（　　）内的最佳选项。**

1. 今日授業で漢字は中国から日本に伝えられたことを（　　）。

　1. なおした　2. つかった　3. ならった　4. ささえた

2. この歴史博物館は今月、洋服を（　　）にイベントを行うことになりました。

　1. テーマ　2. ヒット　3. スタイル　4. アイディア

3. その映画は去年日本で（　　）された。

　1. 輸出　2. 演出　3. 公開　4. 活躍

4. 私たちは強い友情の（　　）で結ばれている。

1. あいだ　　2. きずな　　3. すがた　　4. とい

5. 大学生活に必要なものは（　　）買ってきました。

1. ますます　　2. なかなか　　3. いよいよ　　4. すべて

6. そんなことをする（　　）彼はばかなんでしょう。

1. としても　　2. なんて　　3. なんか　　4. には

7. ペーパーレス化生活（　　）昔の紙の書類、手紙、請求書などを電子技術に代わることを指す。

1. には　　2. とは　　3. について　　4. としては

8. たとえ君が（　　）心から君を好きにはなれなくなります。

1. 謝るそしたら　　2. 謝ったとした

3. 謝ったとしたら　　4. 謝ったとしても

9. 今までその歌を聞いたことがなかったけど、友だちの紹介で聞いてみたら、すごく感動した。本当に（　　）と思う。

1. 聞いていい　　2. 聞いてよかった

3. 聞けばいい　　4. 聞けばよかった

10. この仕事は（　　）見えるけど、やってみると実は難しい。

1. 簡単そうな　　2. 簡単そうに

3. 簡単みたいな　　4. 簡単みたいに

三、组词成句　**从 1、2、3、4 中选出填入＿＿*＿＿的最佳选项。**

1. （　　）＿＿＿＿ ＿＿＿＿ ＿＿*＿＿ ＿＿＿＿、私の人生は私が決める。

1. ても　　2. 親に　　3. 反対され　　4. たとえ

2. （　　）＿＿＿＿ ＿＿＿＿ ＿＿*＿＿ ＿＿＿＿分からないだろう。

1. あなた　　2. に　　3. なんか　　4. 私の気持ちが

3. （　　）文章を読んで、＿＿＿＿ ＿＿＿＿ ＿＿*＿＿ ＿＿＿＿考えてください。

1. 何　　2. か　　3. について　　4. 書いている

4. （　　）＿＿＿＿ ＿＿＿＿、＿＿*＿＿ ＿＿＿＿意味がないという意味だ。

1. 「豚に真珠」　2. 知らなければ　3. その価値を　4. というのは

5. （　）＿＿＿＿ ＿＿＿＿ ＿＿*＿＿ 、＿＿＿＿自分がしたいことをすることだと思う。

1. において　　　　2. 人生

3. 一番大切なことは　　　　4. 後悔しないように

四、汉译日

1. **最近，我开始认真思考什么是幸福了。**（～について）

＿＿＿＿＿＿＿＿＿＿＿＿＿＿＿＿＿＿＿＿＿＿＿＿＿＿＿＿。

2. **他决定，就算被别人反对，他也要坚持自己的想法。**（たとえ～ても）

＿＿＿＿＿＿＿＿＿＿＿＿＿＿＿＿＿＿＿＿＿＿＿＿＿＿＿＿。

3. **没想到能在日本遇到小学同学。**（～なんて）

＿＿＿＿＿＿＿＿＿＿＿＿＿＿＿＿＿＿＿＿＿＿＿＿＿＿＿＿。

五、听力

1. **听录音，写出括号中空缺的单词。**

(1) 彼はスポーツの世界だけでなく、音楽の世界でも（　　　）している。

(2) 子どもに（　　　）を教えるのは親の（　　　）だ。

(3) この番組はサクラの（　　　）でお送りします。

(4) 家族の幸せのために、どんな（　　　）があっても（　　　）つもりだ。

(5) その町の（　　　）は景色が美しい。

2. **听录音，从 1、2、3、4 中选出正确选项。**

1. 家族の形
2. 親子関係
3. 人間関係
4. うそと真実

3. **听录音，从 1、2、3、4 中选出正确选项。**

1. 文化的な絆を築く機会を与える存在
2. 個人の娯楽として不可欠な存在
3. 社会に影響を与える存在
4. 人々に教訓を与える存在

词汇 3

教訓（きょうくん）⓪	【名】【他动 3】	教训，教导	N2
反映（はんえい）⓪	【名】【自他动 3】	反映	N2
意識（いしき）①	【名】【他动 3】	意识，知觉；认识；自觉	N2
同級生（どうきゅうせい）③	【名】	（同年级的）同学	N3
喚起（かんき）①	【名】【他动 3】	唤起	·
請求（せいきゅう）⓪	【名】【他动 3】	请求，索取，要求	N2
議論（ぎろん）①	【名】【他动 3】	议论，争辩	N2
変革（へんかく）⓪	【名】【自他动 3】	变革，改革，变化	N1
困難（こんなん）①	【名】【ナ形】	困难	N3
従来（じゅうらい）①	【名】【副】	从前，过去	N2
不可欠（ふかけつ）②	【名】【ナ形】	不可缺少，必需	N2
娯楽（ごらく）⓪	【名】	娱乐	N2
効果（こうか）①	【名】	效果，成效，效应	N3
メッセージ①	【名】	消息，讯息；声明	N2
ペーパー①⓪	【名】	纸，文件，报纸	N3
電子（でんし）①	【名】	电子	N2
媒体（ばいたい）⓪	【名】	媒介物；媒体	N1

你有喜欢的电影吗？请介绍一部自己喜欢的电影，并说明原因。以下是佐佐木玲子的作文。

好きな映画

私の好きな映画は『君の名は。』だ。有名なアニメーション映画作品で、監督の独自の世界観が見事に表現されている。

この映画は、青春や友情、愛をテーマにし、美しい映像と感動的な音楽が特徴である。この作品には、登場人物たちの喜びや悲しみを観る人に共感させる力がある。私も観た時に、ストーリーの展開に心を動かされ、登場人物たちの成長に感動した。

主人公の成長の姿を見ることで、私は自分自身の青春時代が思い出された。友達との出会いや別れ、そしてつながりの尊さを感じることができた。『君の名は。』は、私にとって深い感動を覚え、忘れられない作品である。(275)

山田洋次——“日本人的心灵代言人”

山田洋次是日本著名的编剧、导演。他的作品包括《寅次郎的故事》系列、《幸福的黄手帕》《远山的呼唤》《黄昏清兵卫》等，这些作品不仅在日本国内受到欢迎，也在国际上获得了高度认可。

山田洋次认为电影应是贴合人心的，来源于生活的。他的作品风格平和温暖、幽默风趣，大部分聚焦于普通人的喜怒哀乐和家庭生活，镜头语言平实而温暖，细腻地刻画了人生的酸甜苦辣，被誉为“日本人的心灵代言人”。

山田洋次的导演生涯跨越了60多年，从昭和到令和年代，从欢笑和泪水交织的《寅次郎的故事》，再到聚焦当代家庭现状的《家族之苦》系列。他在电影作品中展示了理想化的亲情、爱情、友情等，既是对人情观念日益淡漠的社会现状的一种反思，也给寂寞的现代人带来温暖慰藉。

（唐琦琦想回国参加哥哥的婚礼）

松尾雅也：はい、どうぞ。

唐琦琦：お邪魔します。先生、今月のレポート、提出いたします。

松尾雅也：え？この課題、先週出したばかりですよね。締切は来月上旬までですが、もう提出するんですか。

唐琦琦：はい。実は、兄が結婚するので、一時帰国することになりました。それで、レポートを早く提出することにしました。どうぞよろしくお願いします。

松尾雅也：お兄さんがご結婚ですか。それはおめでとうございます。

唐琦琦：ありがとうございます。本当は、もうすぐ就職活動が始まるので、やるべきことがいっぱいあるのですが……

松尾雅也：いや、お兄さんの結婚式なら、帰らないわけにはいかないでしょう。ご両親もさぞ喜んでいらっしゃるでしょうね。

唐琦琦：　はい。両親はとても喜んでおります。兄が恋愛も結婚もしないと言っていたから、こんな息子に嫁が来てくれたのは奇跡みたいと言って。

松尾雅也：中国の若者も恋愛や結婚をしなくなったのですか。

唐琦琦：　はい。世帯をもつより、一人のほうが気楽だとか言って、結婚しない若者が近年増えています。

松尾雅也：恋愛も結婚も、経済的な余裕と心の余裕がなければできないからかもしれませんね。若者が結婚しないという問題について、我々すべての人がしっかり反省する必要があります。やあ、とにかくおめでとうございます！

唐琦琦：　ありがとうございます。あのう、一時帰国は指導教官の許可をいただく必要がありますが、許可していただけませんか。

松尾雅也：もちろん。気を付けていってらっしゃい。

唐琦琦：　ありがとうございます。こちらは一時帰国申請ですが、ここにサインをいただいてもよろしいでしょうか。

松尾雅也：ええ、いいですよ。

唐琦琦：　ありがとうございます。

1. ～べき / べきだ / べきではない

本当は、もうすぐ就職活動が始まるので、やるべきことがいっぱいあるのですが……

（其实马上就要开始找工作了，我还有很多事情要做……）

接续： 动词基本形 + べき / べきだ / べきではない

～する→～するべき / すべき

用法： 表示“说话人认为在通常情况下，理应或不应该做某事”，意思是“（不）应该……”。

例句：

① こんなプライベートなことは聞くべきではない。/ 不应该问这么私人的问题。

② 就職先を決める際に考えるべきポイントは何でしょうか。/ 决定在哪儿工作时，应该考虑哪些要素呢?

③ 解決すべき課題は山ほどある。/ 还有很多课题有待解决。

④ 学生時代にもっと一生懸命勉強するべきだった。/ 学生时代本应该更加努力学习的。

2. ～わけにはいかない

お兄さんの結婚式なら、帰らないわけにはいかないでしょう。

（你哥哥的婚礼，你总不能不回去吧。）

接续： 动词基本形 + わけにはいかない

动词ない形 + わけにはいかない

用法： 表示“从社会常识来看，不能做某事”，意思是“不能……”。

例句：

① 上司からの命令なので、断るわけにはいかない。/ 因为是上司

的命令，所以没法拒绝。

② 彼を見捨てて一人逃げて帰るわけにはいかない。/ 总不能扔下他一个人逃回去。

③ 大事な会議だから、出席しないわけにはいかない。/ 因为是很重要的会议，所以不能缺席。

3. ～ていらっしゃる / ておいでになる

ご両親もさぞ喜んでいらっしゃるでしょう。

（你父母肯定也很开心吧。）

接续：　动词て形 + いらっしゃる / おいでになる

イ形容词 + くて + いらっしゃる / おいでになる

名词 / ナ形容词 + で + いらっしゃる / おいでになる

用法：　「～です / ている / てくる / ていく」等句式的尊敬语表达，意思是"是……""正在……"。

例句：

① 田中さんは東京出身でいらっしゃいますか。/ 田中先生是东京人吗?

② 私のことを覚えておいでになりますか。/ 您还记得我吗?

③ 中村社長は毎日お忙しくていらっしゃいます。/ 中村社长每天都很忙。

④ お元気でいらっしゃいますか。/ 您还好吗?

词汇 1

許す（ゆるす）②	【他动 1】	允许，批准；宽恕，原谅	N2
課題（かだい）⓪	【名】	(提出的)题目；课题	N2
サイン①	【名】【自动 3】	签名	*
命令（めいれい）⓪	【名】【他动 3】	命令	N3
教官（きょうかん）⓪	【名】	教官	N2

見捨てる（みすてる）⓪③	【他动 2】	抛弃，弃而不顾	N2
反省（はんせい）⓪	【名】【他动 3】	反省	N2
余裕（よゆう）⓪	【名】	富余；从容	N2
気楽（きらく）⓪	【名】【ナ形】	舒畅，安闲；无牵挂，坦然	N2
近年（きんねん）①	【名】	近年	N2
上旬（じょうじゅん）⓪	【名】	上旬	N3
一時（いちじ）②	【名】	一时，暂时，临时；当时	N2
プライベート④②	【ナ形】	个人的，私人的	N2
奇跡（きせき）⓪②	【名】	奇迹	N2
嫁（よめ）⓪	【名】	新娘，妻子	N2
我々（われわれ）⓪	【名】	我们	N2
世帯（せたい）①②	【名】	户，（自立门户的）家庭	N2

琦琦さんのつぶやき

もうすぐお兄さんの結婚式です。日本の結婚式で友人がスピーチをすると聞いたので、将来誰かに頼まれた時にちゃんとスピーチできるよう、原稿を書く練習をしました。日本語を話すのは簡単ですが、いざ書くことになったら、結構難しく感じています。

特にスピーチの場合はちゃんと挨拶用語や敬語を使わないといけません。なぜかというと、挨拶は相手とのコミュニケーションを円滑に進めるための基本的な礼儀とされ、敬語は相手への敬意を示す言葉だからです。

挨拶や敬語を怠ると、相手に対して失礼な印象を与えることに繋がるため、その場に相応しい挨拶をするのはとても重要です。

松尾先生は私の書いた原稿を丁寧に直してくださいました。挨拶には、「末永くお幸せに」や「ご結婚おめでとうございます」といった言葉によるものもあれば、お辞儀のような身振りによるものもあると教えてくださいました。そして敬語は敬意を表す対象の人だけではなく、その人に属する物、事、その人の行為、状態について言う場合にも使うと注意してくださいました。その他、敬語のミスも直してくださいました。

例えば「これからは家族ぐるみのお付き合いを楽しみにしています」という文を間違えて「これからは家族ぐるみのお付き合いをお楽しみにしています」と書いた時に、楽しむという行動は自分の行為なので「お」をつけてはいけないと教えてくださいました。

敬語をただしく使い分けるのは、我々学習者にとってとても難しいことです。松尾先生から次のアドバイスをいただきました。

どうしても敬語を使いこなせない場合は、「です」「ます」を使えば失礼にはなりません。そしてそれに慣れた後で、「です」「ます」を使った文を敬語で練習してみることでだんだん上手になるということです。今後先生がおっしゃったとおりに練習してみることにしました。

一方、挨拶も敬語も、たくさん使えば人間関係がうまくいくかというと、必ずしもそうではありません。重要なのは、相手への配慮があるかどうか、心がこもっているかどうかということだと松尾先生が教えてくださいました。先生はいつも、よりよい教育方法を研究なさっています。私たちはいつも先生のことを尊敬しています。

语法说明 2

1. ～とされている

なぜかというと、挨拶は相手とのコミュニケーションを円滑に進めるための基本的な礼儀とされ、敬語は相手への敬意を示す言葉だからです。

（说到原因，那是因为一般而言寒暄语是和他人顺畅沟通所需要的基本礼仪，而敬语是向对方表示敬意的用语。）

接续：　小句简体形 + とされている

用法：　表示公认的事实，意思是“一般认为……”“被视为……”。

例句：

① ハトが平和の象徴とされているのはなぜでしょうか。/ 为什么鸽子会被视为和平的象征呢？

② 日本では燕が巣を作る家は縁起がいいとされている。/ 在日本，燕子进家筑巢被认为是吉兆。

2. ～や～といった

挨拶には、「末永くお幸せに」や「ご結婚おめでとうございます」などといった言葉によるものもあれば、お辞儀のような身振りによるものもあると教えてくださいました。

（老师告诉我寒暄语既包括“祝永远幸福”“新婚快乐”等语言上的问候，也包括行礼等形体上的动作。）

接续： 名词＋や＋名词＋といった

用法： 表示列举，意思是“类似……这样的”。

例句：

① メロンやイチゴといったフルーツを木箱に入れると、高級感が格段に増すね。/ 把蜜瓜、草莓这些水果放进木盒后，一下子就看起来更高级了呢。

② すき焼きや天ぷらといった日本食が好きです。/ 我喜欢寿喜烧、天妇罗这些日本料理。

③ 海外でも万里の長城や故宮といった観光スポットは有名ですね。/ 长城、故宫这些观光胜地在国外也很有名。

3. ～も～ば、～も～

挨拶には、「末永くお幸せに」や「ご結婚おめでとうございます」などといった言葉によるものもあれば、お辞儀のような身振りによるものもあると教えてくださいました。

（老师告诉我寒暄语既包括“祝永远幸福”“新婚快乐”等语言上的问候，也包括行礼等形体上的动作。）

接续： 名词＋も＋动词 / イ形容词 / ナ形容词的ば形、名词＋も

用法： 把类似的事情并列起来加以强调，或把对照性的事情并列起来，表示还有很多情况。意思是“不仅……而且……”“既有……也有……”。

例句：

① 人生は楽しいこともあれば苦しいこともある。/ 人生有苦也有甜。

② このレストランは値段も高ければ、サービスも悪い。/ 这家餐厅价格高，服务也差。

4. ～に対して / に対する

挨拶や敬語を怠ると、相手に対して失礼な印象を与えることに繋がるため、その場に相応しい挨拶をするのはとても重要です。

（如果疏忽了寒暄和使用敬语，会给对方留下失礼的印象，所以进行得体的寒暄是非常重要的。）

接续： 名词＋に対して / に対する

用法： 表示动作对象，意思是“对……”。

例句：

① 李さんは誰に対しても優しくて親切です。/ 小李对谁都既温柔又热心。

② 思春期の子どもは親に対していらいらしてしまうことがあります。/ 青春期的孩子很容易对父母感到不耐烦。

③ 環境保護に対する当社の取り組みについてご紹介いたします。/ 下面我给大家介绍一下本公司在环保方面的举措。

5. ～ということだ

それに慣れた後で、「です」「ます」を使った文を敬語で練習してみることでだんだん上手になるということです。

（据说等熟练以后，尝试把使用「です」「ます」的句子都改成敬语进行练习，就能逐步提高。）

接续： 小句简体形 + ということだ

用法：
① 表示“根据某事实做出推论或得出结论”，意思是“也就是说……”。
② 表示传闻，意思是“听说……”。

例句：
① あそこの英語教室は 2 時間で 8000 円らしいよ。つまり、1 時間で 4000 円もかかるということだね。/ 那个英语培训机构好像是 2 小时 8000 日元。那也就是说 1 小时要 4000 日元啊。
② 今回の試験はまた 50 点だ。つまり君はもう 3 回連続で不合格ということだ。/ 这次考试又是 50 分。也就是说你已经连续 3 次不及格了。
③ 先生の話によると、今回の運動会は中止になったということだ。/ 听老师说，这次运动会要中止了。

6. ～というと / といえば / といったら

一方、挨拶も敬語も、たくさん使えば人間関係がうまくいくかというと、必ずしもそうではありません。

（另一方面，不论是寒暄语还是敬语，并非用得越多，人际关系就会越顺畅。）

接续： 名词 + というと / といえば / といったら
疑问句简体形 + というと / といえば

用法： 表示提出话题，意思是“说起……”“要说……”。

例句：

① A: 昨日佐藤さんに会ったよ。/ 昨天我见到佐藤了。

B: 佐藤さんというと、例の不動産屋の人？/ 佐藤是之前房产中介的那个人吗?

② 冬といえば連想するものは何ですか。/ 说起冬天你会联想到什么?

③ なぜ合格できたかといえば、日頃の練習のおかげだ。/ 要说我为什么能及格，主要还是靠平时的练习。

④ お風呂上がりのビールの美味しさといったら、言葉では表現できない。/ 泡完澡后来瓶啤酒，那美味简直无法形容。

词汇 2

示す（しめす）②	【他动 1】	出示；表示；指示	N3
敬意（けいい）①	【名】	敬意	N3
怠る（おこたる）③	【他动 1】	懒惰，疏忽，放松	N2
こもる②	【自动 1】	闭门不出；充满	N2
～ぐるみ①	【接尾】	连，带，包括在内	N3
配慮（はいりょ）①	【名】【他动 3】	关怀；关照，照顾；考虑	N2
属する（ぞくする）③	【自动 3】	所属，属于	N3
末永い（すえながい）④	【イ形】	长长久久	N3
円滑（えんかつ）⓪	【名】【ナ形】	圆滑；圆满，顺利	N1
コミュニケーション④	【名】	沟通，交流	N3
いざ①	【副】	一旦，万一	N3
必ずしも（かならずしも）④	【副】	不一定，未必	N3
身振り（みぶり）①	【名】	姿态，身体动作	N2
敬語（けいご）⓪	【名】	敬语	N3
用語（ようご）⓪	【名】	用词，措辞	N3
礼儀（れいぎ）③	【名】	礼仪，礼节	N3
行為（こうい）①	【名】	行为，举动	N2
状態（じょうたい）⓪	【名】	状态；情形	N3
印象（いんしょう）⓪	【名】	印象	N3
象徴（しょうちょう）⓪	【名】【他动 3】	象征	N2
平和（へいわ）⓪	【名】	和平	N2

連想（れんそう）⓪	【名】【他动3】	联想	·
増す（ます）⓪	【自他动1】	增加，增长，增高	N3
いらいら①	【副】【自动3】	焦躁，着急，急躁	N3
格段（かくだん）⓪	【名】【ナ形】	特别，格外，非常	N3
思春期（ししゅんき）②	【名】	青春期	N3
木箱（きばこ）①	【名】	木质箱子	N3
燕（つばめ）⓪	【名】	燕子	N3
巣（す）⓪①	【名】	窝，巢	N3
メロン①	【名】	蜜瓜	N3
苺（いちご）⓪①	【名】	草莓	N3
日本食（にほんしょく）⓪	【名】	日本料理	N3
環境保護（かんきょうほご）⑤	【名】	环境保护	N3
取り組み（とりくみ）⓪	【名】	措施	·
高級感（こうきゅうかん）③	【名】	高级感	N3
人間関係（にんげんかんけい）⑤	【名】	人际关系	·

练习

一、读写

1. 根据汉字写出假名。

❶上旬 ❷奇跡 ❸世帯 ❹余裕 ❺命令

(　　) (　　) (　　) (　　) (　　)

❻反省 ❼気楽 ❽円滑 ❾印象 ❿状態

(　　) (　　) (　　) (　　) (　　)

2. 根据假名写出汉字。

❶こうい ❷れいぎ ❸へいわ ❹しょうちょう ❺かくだん

(　　) (　　) (　　) (　　) (　　)

❻たちば ❼かんさつ ❽しょうめい ❾かんりゃく ❿じゅうなん

(　　) (　　) (　　) (　　) (　　)

二、单项选择　**从1、2、3、4中选出填入（　　）内的最佳选项。**

1. 同じ性格や考えを持つ人と仕事をすれば、（　　）が取れやすいと思う人が多いだろう。

   1. サイン　　2. レポート　　3. コミュニケーション　　4. ジョギング

2. 学期末レポートは火曜日の朝までに（　　）しないといけない。

   1. 証明　　2. 説明　　3. 提供　　4. 提出

3. デジタル技術の発展によって、ペーパーレス化生活の普及がさらに（　　）、より多くの利便性や機会がもたらされるのであろう。

   1. すすめられ　　2. しめされ　　3. ちぢめられ　　4. きずかれ

4. 今は一人っ子が珍しくないから、スポーツで人との付き合いを（　　）ほしいと思う親が多い。

   1. よろこんで　　2. まなんで　　3. こもって　　4. まちがって

5. 消費者が製品を選ぶ時、デザインが大きな影響を（　　）。

   1. あたえる　　2. そだてる　　3. つたえる　　4. みつける

6. 天気予報によると、来週は大雪が降る（　　）。

   1. とされている　　2. ということだ　　3. ようだ　　4. みたいだ

7. 書き言葉は語り手の声や表情（　　）情報に欠ける一方で、読み手に好きなペースで言葉を読む自由を与える。

   1. といった　　2. とされる　　3. に関する　　4. に対する

8. 先生、推薦状を（　　）。

   1. 書いていただきませんか　　2. 書いていただけませんか　　3. お書きしていたませんか　　4. お書きしていただけませんか

9. 就職（　　）ばかりの私にとって、自分の家なんて夢みたいなものだ。

   1. する　　2. した　　3. している　　4. していた

10. 消費者のニーズが多様化している現在、私が最も重視（　　）だと考えているのは、宣伝することです。

   1. するわけ　　2. すること　　3. するべき　　4. するもの

三、组词成句　**从1、2、3、4中选出填入 ＿*＿ 的最佳选项。**

1.　（　　）人を＿＿＿＿ ＿＿＿＿ ＿＿*＿＿ ＿＿＿＿。

　1. で　　2. 見た目　　3. べきではない　　4. 判断する

2.　（　　）ちょっと熱があるけど、今日は＿＿＿＿ ＿＿＿＿ ＿＿*＿＿ ＿＿＿＿。

　1. から　　2. 休むわけにはいかない

　3. 会議がある　　4. 大事な

3.　（　　）毎日前日の内容を復習することが＿＿＿＿ ＿＿＿＿ ＿＿*＿＿ ＿＿＿＿。

　1. 効率がよい　　2. 記憶するのに　　3. とされている　　4. 最も

4.　（　　）りんごには甘い＿＿＿＿ ＿＿＿＿ ＿＿*＿＿ ＿＿＿＿。

　1. もあれば　　2. もある　　3. もの　　4. 酸っぱいもの

5.　（　　）先生は私の質問＿＿＿＿ ＿＿＿＿ ＿＿*＿＿ ＿＿＿＿。

　1. 何も　　2. 答えて　　3. くれなかった　　4. に対して

四、汉译日　**1.　他对孩子很温柔。**（～に対して）

＿＿＿＿＿＿＿＿＿＿＿＿＿＿＿＿＿＿＿＿＿＿＿＿＿＿＿＿。

2.　如果身边有需要帮助的人，我没办法视而不见。（～わけにはいかない）

＿＿＿＿＿＿＿＿＿＿＿＿＿＿＿＿＿＿＿＿＿＿＿＿＿＿＿＿。

3.　价格昂贵的商品质量就一定好吗？这倒也不一定。（～というと）

＿＿＿＿＿＿＿＿＿＿＿＿＿＿＿＿＿＿＿＿＿＿＿＿＿＿＿＿。

五、听力　**1.　听录音，写出括号中空缺的单词。**

(1) 仕事を探す前に、（　　　　）の（　　　　）を受けたほうがいいかもしれません。

(2) 彼女はこんな贈り物に（　　　　）だろう。

(3) このソファーはベッドの（　　　　）もする。

(4) 彼はアメリカ人を（　　　　）にいつも英会話の（　　　　）をしている。

(5) 彼は私たちに対して（　　　　）正しい。

2. **听录音，从 1、2、3、4 中选出正确选项。**

1. 多(おお)くの人(ひと)と深(ふか)く交流(こうりゅう)をしたほうがいい
2. 自分(じぶん)はどんな人(ひと)なのか深(ふか)く考(かんが)えたほうがいい
3. 他人(たにん)の立場(たちば)に立(た)って自分(じぶん)を見直(みなお)したほうがいい
4. 周(まわ)りの人(ひと)をよく観察(かんさつ)したほうがいい

3. **听录音，从 1、2、3、4 中选出正确选项。**

1. 教科書(きょうかしょ)の第3章(だいさんしょう)「敬語(けいご)コミュニケーション」を読(よ)む
2. 800字程度(はっぴゃくじていど)のレポートを書(か)く
3. レポートをもとにディスカッションする
4. 全員(ぜんいん)のレポートを読(よ)む

词汇 3

見直す（みなおす）③⓪	【他动 1】	重新审视；重新认识；另眼相看	N2
視点（してん）⓪	【名】	视点；角度	N2
欠ける（かける）⓪	【自动 2】	缺乏，缺少，欠缺	N2
利便（りべん）⓪①	【名】【ナ形】	便利，方便	*
観察（かんさつ）⓪	【名】【他动 3】	观察；仔细察看	N3
柔軟（じゅうなん）⓪	【ナ形】	（态度、方法）灵活；柔软	N2
堅苦しい（かたくるしい）⑤	【イ形】	严格，没有通融余地，死板，拘泥形式	N1
簡略（かんりゃく）⓪	【名】【ナ形】	简略，简化，简洁	N1
ソファー①	【名】	沙发	N4
ディスカッション③	【名】【自他动 3】	讨论，研讨	N2
立場（たちば）①	【名】	立场	N3
程度（ていど）①⓪	【名】	程度，水平	N2
証明（しょうめい）⓪	【名】【他动 3】	证据；证明	N2
デジタル①	【名】	数字化	N3
妨げ（さまたげ）⓪	【名】	妨碍，阻碍，阻挠，障碍	N2

你认为敬语是必要的吗？请谈谈自己的观点。以下是金敏慧的作文。

敬語について

敬語は、昔から日本語の中で重要な部分である。しかし、時代の変化とともに、「敬語は面倒だ」という声も聞かれるようになった。日本語学習者で外国人の私は、敬語は必要だと思うが、もっと柔軟に使えるように見直してほしい。

まず、敬語は相手に敬意を示すことが目的で使われるもので、人と接する上で欠かすことができないものだと思う。敬語を使う習慣を身につけることは、相手に対する尊敬の念を保つことができる。

しかし、堅苦しい形にこだわると敬語が逆にコミュニケーション上の妨げになる。もっと分かりやすい、外国語学習者に親しまれる「優しい日本語」があるように、使いやすい方向へ簡略化するといいと思う。(288)

日本人与敬语

在日本，敬语有悠久的历史和广泛的社会基础，总体来说，日本人十分重视敬语的作用。根据日本的国语意识调查结果，日本人对敬语的看法主要可归纳为以下三点：

（1）敬语是表示对他人的尊重和礼貌的一种重要方式。日本人通常根据亲疏、地位和年龄等因素，使用适当的敬语来表示对他人的尊重。

（2）敬语也用来表示说话者的谦逊。人们认为以谦逊的态度进行人际交往更容易被他人接受，有利于促进交流的顺利进行。

（3）敬语在商务活动和公共生活中特别重要。在正式的会议和商业场景中，正确使用敬语是与对方建立信任、树立自身良好印象不可缺少的因素。

虽然日本年轻人对敬语的使用频率和重视程度有所下降，但大部分受访者依然认为敬语在人际交往中的作用十分重要。在日本社会，大多数人都自觉地使用敬语，并把敬语看作最基本的社会礼仪。

第四課 日本の結婚事情

（唐琦琦回到日本）

青木裕太：　琦琦さん、お帰りなさい。お兄さんの結婚式はどうだった？

唐琦琦：　予想以上に素敵な結婚式と披露宴で、国に帰って出席してよかったよ。

青木裕太：　それはよかったね。

佐々木玲子：　中国の結婚式ってどんな感じにやるの？

唐琦琦：　ふつうはホテルでやるんだけど、兄たちは海辺で式をあげたの。ロマンチックな結婚式はやっぱり海辺だね。

ロブ：　青木君、よく聞きたまえ。大切な情報だよ。

青木裕太：　え？はい。

唐琦琦：　とにかく、二人がみんなの前でお互いの気持ちを確かめあい、誓いを交わす場面が感動的で、私も、両親も泣いちゃったもん。兄は「お互いに白髪になっても、僕の愛は変わりません」って。それが会場の巨大なスクリーンにも映されて。

佐々木玲子：いいな。羨ましい。そういうのを聞くと、結婚したくなる。私も愛し合う人と結ばれる幸運に恵まれたいなぁ。

唐琦琦：そうね。でも、最近、仕事や趣味に夢中で、結婚も恋愛もしないという若者が中国でも日本でも増えているね。そして、金さんによると、韓国の結婚率も下がる一方だそうだよ。

佐々木玲子：そう。恋愛も結婚も面倒だという若者が多いらしい。どうしたんだろうね。恋愛をしない青春なんてもったいない。ね、青木さん？

青木裕太：え？はい。

语法说明 1

1. ～たまえ

青木君、よく聞きたまえ。

（青木，你可要听好。）

接续：动词~~ます~~形＋たまえ

用法：表示轻微命令，有“你给我……”的语气。

例句：① 君たち、そこに座りたまえ。/ 你们坐那儿吧！

② 入りたまえ。/ 进来!

2. ～もの / もん

場面が感動的で、私も、両親も泣いちゃったもん。

（那一幕非常感人，我和父母都忍不住流泪了。）

接续： 名词 / ナ形容词词干 + だ / なんだ + もの / もん

动词 / イ形容词的简体形（+んだ） + もの / もん

用法： 表示原因或理由，多带有撒娇或辩解的语气。意思是“因为……”。

例句： ① 一人で大丈夫よ、もう高校生だもん。/ 我一个人没事的，都已经是高中生了。

② A: なんで昨日の会議に来なかったの？/ 昨天为什么没来开会?

B: 会議があること、知らなかったんだもの。/ 我都不知道要开会呢。

③ A: またサボったの？/ 又没去吗?

B: だってつまらないんだもん。/ 因为真的很无聊呀。

④ A: 夏休みにまた成都に行くの？/ 暑假又要去成都吗?

B: だってパンダが好きなんだもん。/ 因为我太喜欢熊猫了。

3. ～一方だ

韓国の結婚率も下がる一方だ。

（韩国的结婚率也越来越低。）

接续： 动词基本形 + 一方だ

用法： 表示“事态朝着某种方向不断发展”，意思是“越来越……”“逐渐变得……”。

例句：

① 10月下旬(じゅうがつげじゅん)からは寒(さむ)くなる一方(いっぽう)だ。/10月下旬开始就越来越冷了。

② 食(た)べ過(す)ぎで、体重(たいじゅう)は増(ふ)える一方(いっぽう)だ。/ 因为吃得太多，体重日渐增加。

③ 少子高齢化(しょうしこうれいか)は進(すす)む一方(いっぽう)だ。/ 少子老龄化越来越严重。

词汇 1

交わす（かわす）⓪	【他动 1】	交换	N1
誓い（ちかい）⓪	【名】	宣誓，发誓	N2
映す（うつす）②	【他动 1】	映，投射；放映	N2
巨大（きょだい）⓪	【ナ形】	巨大	N2
スクリーン③	【名】	银幕；屏幕	N2
恵まれる（めぐまれる）④⓪	【自动 2】	受到恩赐，被赋予；充足，富有	N2
幸運（こううん）⓪	【名】【ナ形】	幸运，好运	N2
予想（よそう）⓪	【名】【他动 3】	预想，预料	N2
面倒（めんどう）③	【名】【ナ形】	麻烦，费事，棘手	N2
夢中（むちゅう）⓪	【名】【ナ形】	着迷，热衷，沉迷	N2
ロマンチック④	【名】【ナ形】	浪漫的，有情调的	N1
披露宴（ひろうえん）②	【名】	宴会	N3
青春（せいしゅん）⓪	【名】	青春	N2
両親（りょうしん）①	【名】	双亲，父母	N4
白髪（しらが）③	【名】	白发	N2

日本(にほん)の結婚事情(けっこんじじょう)

「晩婚化(ばんこんか)」「少子化(しょうしか)」が進(すす)んでいると言(い)われてずいぶん久(ひさ)しくなった。

かつては適齢期になれば、結婚して家庭を持つのは当たり前だった日本社会では、近年、経済的な不安から、まだ結婚はしたくない若者もいれば、恋愛や結婚に対して消極的な若者もいる。また、独身であることを選択し、自分の人生を充実させるためにキャリアや趣味を重視する若者も増えている。

厚生労働省の発表によると、2022年の婚姻件数はおよそ50万件で、前の年に比べて少し増えた。しかし、長期的に見るとやはり減少傾向にある。長期的な減少傾向には、さまざまな理由があるとされているが、その中で、幸せを求める価値観と古くからの結婚についての考え方との矛盾が原因の一つと考えられる。

結婚に関して、日本では今も男性が家計責任を担い、女性が家庭を守るという考えが強い。個人の個性や適性より、男性か女性かの違いのほうが人生に与える影響が大きい。

そのような期待に応えるために、結婚して不本意な義務を背負い、個人の自由を犠牲にする人も少なくないわけだ。そのことに対して疑問を感じ、心理的な抵抗から、若者は恋愛や結婚に消極的になっているのではないかと指摘する学者もいる。

それを乗り越えるために、男性も女性もその個性や適性、さらには潜在的な能力を発揮し、既婚にせよ未婚にせよ、進んで協力し合い、誰もが気持ちよく暮らすことが可能な社会にしていくべきである。さらには個人や家族の生活が、より幸福なものになるよう、家族観・労働観の見直しが期待されている。そのためにはお互いに活発な話し合いが必要で、一人ひとりが参加すべきである。

语法说明 2

1. ～に比べ（て）/ と比べ（て）

厚生労働省の発表によると、2022 年の婚姻件数はおよそ 50 万件で、前の年に比べて少し増えた。

（根据厚生劳动省发布的数据，2022 年结婚对数大约有 50 万对，相比前一年略有增加。）

接续： 名词 + に比べ（て）/ と比べ（て）

用法： 表示比较，意思是“与……相比”。

例句：

① 以前に比べて水道水の水質が向上している。/ 自来水的水质与过去相比有所改善。

② 北京は上海と比べて面積が大きい。/ 北京比上海面积更大。

2. ～に関して / に関する

結婚に関して、日本では今も男性が家計責任を担い、女性が家庭を守るという考えが強い。

（在结婚方面，“男主外，女主内”的传统思想在日本仍然根深蒂固。）

接续： 名词 + に関して / に関する

用法： 表示涉及的对象，多用于书面语或正式场合。意思是“关于……”。

例句：

① 授業の内容に関して質問があれば、聞いてください。/ 如果有关于课堂内容的问题，请提问。

② ごみの分別に関しても厳しいルールがある。/ 关于垃圾分类也有很严格的规定。

③ 日本の歴史に関するドキュメンタリー映画が好きです。/ 我喜欢有关日本历史的纪录片。

3. ～わけだ

そのような期待に応えるために、結婚して不本意な義務を背負い、個人の自由を犠牲にする人も少なくないわけだ。

（为了回应这些期待，自然就有不少人选择结婚，不得已地承担起责任，牺牲了个人的自由。）

接续： 名词 / ナ形容词词干 + な / である + わけだ

动词 / イ形容词的简体形 + わけだ

用法： ① 表示“基于某前提，可以自然而然地得出某结论”。意思是“难怪……”“自然……”。

② 意思是“换言之”“也就是说……”。

例句： ① 彼は大学を卒業して会社に入ったので、もう立派な社会人なわけだ。/ 他已经大学毕业，开始上班了，自然算是个优秀的社会人了。

② 12 時の終電で帰ろう。じゃあ、あと 1 時間ぐらいいられるわけだね。/ 我们坐 12 点最后一班电车回去吧。那就是说我们还能再待 1 个小时左右。

③ あれ、もうこんな時間か。外が暗いわけだね。/ 啊，已经这个时间了吗？难怪外面天都黑了。

④ 彼はアメリカに留学していたらしいよ。それで英語が上手なわけだ。/ 他好像在美国留学过。难怪他英语那么好。

4. ～（の）ではないか

そのことに対して疑問を感じ、心理的な抵抗から、若者は恋愛や結婚に消極的になっているのではないかと指摘する学者もいる。

（有学者指出，或许正是因为心理上对此有所抵抗，年轻人才会对恋爱和结婚变得消极。）

接续： 名词 / ナ形容词词干 + なの + ではないか

动词 / イ形容词的简体形 + のではないか

用法： 委婉地表达说话人的主张、推测，意思是“或许……”“是不是……”。

例句：

① 顔色悪いよ。病気なんじゃないか。/ 脸色好差，是不是生病了啊。

② これからの社会においてITリテラシーはますます重要になるのではないでしょうか。/ 在今后社会，掌握IT技能会变得越来越重要。

③ 1か月で5キロも痩せるってなかなか難しいんじゃないか。/ 1个月瘦5公斤很难吧。

④ ゆっくり考える時間が必要ではないかと思います。/ 我觉得或许需要时间慢慢思考。

5. ～にしろ～にしろ / ～にせよ～にせよ / ～にしても～にしても

既婚にせよ未婚にせよ。

（不论是已婚还是未婚。）

接续： 名词 / ナ形容词词干（+ である）+ にしろ / にせよ / にしても + 名词 / ナ形容词词干（+ である）+ にしろ / にせよ / にしても

动词 / イ形容词的简体形 + にしろ / にせよ / にしても + 动词 / イ形容词的简体形 + にしろ / にせよ / にしても

用法： 列举两个对立的事物，表示“不论是其中哪一个都……”，意思是“不论是……还是……”。

例句：

① アイスクリームにしろ、ケーキにしろ、私(わたし)は甘(あま)い物(もの)が好(す)きです。/ 不论是冰淇淋，还是蛋糕，总之我喜欢甜食。

② 行(い)くにせよ、行(い)かないにせよ、一言連絡(ひとことれんらく)すべきだろう。/ 不论是去还是不去，总应该告知一声。

③ 値段(ねだん)が高(たか)いにしても、安(やす)いにしても、ほしいものがあればなんでも買(か)う。/ 我不论价格贵还是便宜，只要有想要的东西就会买下来。

④ 英語(えいご)が上手(じょうず)にせよ、下手(へた)にせよ、大事(だいじ)なのは勇気(ゆうき)をもって話(はな)すことだ。/ 不论英语水平好坏，重要的是要勇敢地开口说。

词汇 2

背負う（せおう）②	【他动 1】	背；担负	N2
義務（ぎむ）①	【名】	义务；本分	N2
担う（になう）②	【他动 1】	担，担负，承担	N2
家計（かけい）⓪	【名】	生计，家用	N2
応える（こたえる）③	【自动 2】	响应；深感，痛感	N2
疑問（ぎもん）⓪	【名】	疑问，疑惑	N3
話し合う（はなしあう）④	【自动 1】	商量，协商	N3
乗り越える（のりこえる）④	【自动 2】	跨过；渡过（难关等）；越过	N2
指摘（してき）⓪	【名】【他动 3】	指出；指摘；揭示	N2
矛盾（むじゅん）⓪	【名】【自动 3】	矛盾	N2
発揮（はっき）⓪	【名】【他动 3】	发挥，施展	N2
能力（のうりょく）①	【名】	能力；（法律上）行为能力	N3
協力（きょうりょく）⓪	【名】【自动 3】	协力；共同努力	N3
減少（げんしょう）⓪	【名】【自他动 3】	减少	N2
対する（たいする）③	【自动 3】	面对，对于	N2

抵抗（ていこう）⓪	【名】【自动3】	反感，反抗，抵抗；阻力	N2
関する（かんする）③	【自动3】	有关，关于	N2
充実（じゅうじつ）⓪	【名】【自动3】	充实	N2
専念（せんねん）⓪	【名】【自他动3】	专心；专心从事	N2
気持ちいい（きもちいい）④	【イ形】	心情舒畅	N3
久しい（ひさしい）③	【イ形】	许久；久违	N2
当たり前（あたりまえ）⓪	【名】【ナ形】	当然，自然；普通；正常	N3
活発（かっぱつ）⓪	【ナ形】	活泼；活跃	N2
不本意（ふほんい）②	【名】【ナ形】	非本意，不情愿，不得已	N1
経済的（けいざいてき）⓪	【ナ形】	经济方面的；节省的，经济的	N2
長期的（ちょうきてき）⓪	【ナ形】	长期的	N2
潜在的（せんざいてき）⓪	【ナ形】	潜在的	N2
消極的（しょうきょくてき）⓪	【ナ形】	消极的	N2
幸福（こうふく）⓪	【名】【ナ形】	幸福	N2
不安（ふあん）⓪	【名】【ナ形】	不安，不放心；不稳定	N3
かつて①	【副】	过去，以前，曾经	N2
凡そ（およそ）⓪	【副】	大体上；大约	N2
事情（じじょう）⓪	【名】	情形，情况；理由，原因	N2
傾向（けいこう）⓪	【名】	倾向，趋势	N2
価値観（かちかん）②③	【名】	价值观	N2
キャリア①	【名】	经历，履历；职业	N1
晩婚化（ばんこんか）⓪	【名】	晚婚化	•
婚姻（こんいん）⓪	【名】【自动3】	婚姻，结婚	N2
既婚（きこん）⓪	【名】	已婚	N2
未婚（みこん）⓪	【名】	未婚	N2
厚生労働省（こうせいろうどうしょう）⑦	【名】	厚生劳动省（日本的中央行政机关之一）	•
個性（こせい）①	【名】	个性	N2
個人（こじん）①	【名】	个人	N3
適性（てきせい）⓪	【名】	适应性	N2

適齢（てきれい）⓪	【名】	适龄；婚龄	N2
家庭（かてい）⓪	【名】	家庭	N3
独身（どくしん）⓪	【名】	单身	N3
犠牲（ぎせい）⓪	【名】	牺牲；付出代价	N2
先延ばし（さきのばし）⓪③	【名】	推迟，延迟	*
微増（びぞう）⓪	【名】	微增，略微增加	*
根強い（ねづよい）③	【形】	根深蒂固的，不易动摇的	N2
慣習（かんしゅう）⓪	【名】	习惯，习俗，老规矩	N2
根本的（こんぽんてき）⓪	【ナ形】	根本的，彻底的	N2
性差（せいさ）①	【名】	性别差异	*
ライフコース④	【名】	生活历程	*
限る（かぎる）②	【自他动1】	限定，限于	N2
刷新（さっしん）⓪	【名】【他动3】	刷新，革新；（使）面目一新	*
水質（すいしつ）⓪	【名】	水质	N2

练习

一、读写

1. 根据汉字写出假名。

❶予想	❷白髪	❸幸運	❹夢中	❺面倒
（　　）	（　　）	（　　）	（　　）	（　　）
❻減少	❼傾向	❽施設	❾退職	❿改善
（　　）	（　　）	（　　）	（　　）	（　　）

2. 根据假名写出汉字。

❶せいしゅん	❷きょだい	❸じじょう	❹てきれい	❺じゅうじつ
（　　）	（　　）	（　　）	（　　）	（　　）
❻かんしゅう	❼むじゅん	❽かけい	❾てきせい	❿こじん
（　　）	（　　）	（　　）	（　　）	（　　）

二、单项选择　从 1、2、3、4 中选出填入（　　）内的最佳选项。

1. 昔の日本では、女性が家にいて家事をすることが（　　）とされていた。

   1. 消極的　　2. 充実的　　3. 当たり前　　4. 建前

2. 子どもの時と（　　）と、物価がかなり高くなっている。

   1. くらべる　　2. もとめる　　3. かぎる　　4. くらす

3. 私の休日の（　　）の一つはカフェ巡りです。

   1. 興味　　2. 趣味　　3. 感じ　　4. 気持ち

4. 国際化している現代では、各国の話し合いが（　　）ている。

   1. こたえられ　　2. せおわれ　　3. まもられ　　4. もとめられ

5. 地下施設は空間が狭くて、天井が低く、（　　）どこも似たような空間になりやすいので、迷いやすいのです。

   1. つまり　　2. まだまだ　　3. さらに　　4. とくに

6. 最近建築やものづくり（　　）技能を身につけ、それを職業とする人、すなわち職人を目指す人が増えています。

   1. に関する　　2. に関して　　3. にとっての　　4. にとって

7. 「田中さんは最近退職したらしいよ」

   「そうか。だから平日の昼間でも家にいる（　　）だ」

   1. もの　　2. こと　　3. わけ　　4. つもり

8. 子どもにも読める（　　）、絵本にふりがながつけてある。

   1. にしても　　2. ように　　3. わけだから　　4. もんだから

9. 仕事は忙しくなる（　　）で、このままだと倒れてしまいそうだ。

   1. 一方　　2. 限り　　3. 上　　4. ばかり

10. 「昨日は学校に来なかったね。どうしたの」

    「うん。ちょっと風邪をひいた（　　）だから」

    1. もの　　2. こと　　3. わけ　　4. はず

三、组词成句　从 1、2、3、4 中选出填入 ＿＿*＿＿ 的最佳选项。

1. （　　）最近ニュースを見なくなった。同じ内容を＿＿＿＿ ＿＿＿＿ ＿＿*＿＿ ＿＿＿＿。

   1. ばっかりで　　2. 価値がない　　3. 見る　　4. もん

2. （　）日本の人口は＿＿＿＿＿ ＿＿＿＿＿ ＿＿*＿＿ ＿＿＿＿＿と思う。

1. 一方だ　　2. このまま　　3. 減少する　　4. だと

3. （　）都心部＿＿＿＿＿ ＿＿＿＿＿、＿＿*＿＿ ＿＿＿＿＿とても住みやすい。

1. 田舎は　　2. に比べる　　3. 物価が安くて　　4. と

4. （　）日本の少子化＿＿＿＿＿、＿＿＿＿＿ ＿＿*＿＿ ＿＿＿＿＿必要があると思う。

1. に関して　　2. 対策を考える　　3. もっと真剣に　　4. 政府は

5. （　）この問題集は100ページなので＿＿＿＿＿ ＿＿＿＿＿ ＿＿*＿＿ ＿＿＿＿＿。

1. やれば　　2. 20日間で　　3. 1日5ページ　　4. 終わるわけだ

四、汉译日

1. **为了加深对日本社会文化的了解，我最近在阅读有关日本婚姻制度的书籍。**（～に関する）

＿＿＿＿＿＿＿＿＿＿＿＿＿＿＿＿＿＿＿＿＿＿＿＿＿＿＿＿＿＿。

2. **与刚学日语那会儿相比，我现在日语说得流畅多了。**（～に比べて）

＿＿＿＿＿＿＿＿＿＿＿＿＿＿＿＿＿＿＿＿＿＿＿＿＿＿＿＿＿＿。

3. **物价一个劲儿地上涨。**（～一方だ）

＿＿＿＿＿＿＿＿＿＿＿＿＿＿＿＿＿＿＿＿＿＿＿＿＿＿＿＿＿＿。

五、听力

1. **听录音，写出括号中空缺的单词。**

(1) インターネットの発達のおかげで、私たちはいろいろな（　　　）な（　　　）に触れることができるようになった。

(2) （　　　）とは何か。これは（　　　）であるほど戸惑う質問かもしれない。

(3) まだ（　　　）したくない。もっと自分の（　　　）に時間をかけたいもん。

(4) （　　　）の（　　　）を抑えるために、政府はさまざまな取り組みを行っている。

(5) 集団より個人の利益を優先的に（　　　）人が増えている。

2. 听录音，从1、2、3、4中选出正确选项。

1. 経済的な不安があること
2. 子どもが欲しくないこと
3. 離婚率が高いこと
4. 個人の自由を実現したいこと

3. 听录音，从1、2、3、4中选出正确选项。

1. 専業主婦が多いから
2. 女性の社会進出が少ないから
3. 父親が育児に関心がないから
4. 父親の勤務時間が長いから

词汇3

戸惑う（とまどう）③	【自动1】	糊涂，困惑，不知所措	N1
抑える（おさえる）③②	【他动2】	压制，控制；阻止	N2
勤務（きんむ）①	【名】【自动3】	工作，职务	N2
退職（たいしょく）⓪	【自动3】	离职，退休	N2
安定（あんてい）⓪	【自动3】	稳定，安定；安稳	N2
制限（せいげん）③	【名】【他动3】	限度；限制	N2
改善（かいぜん）⓪	【名】【自他动3】	改善，改进	N2
空間（くうかん）⓪	【名】	空间	N2
天井（てんじょう）⓪	【名】	顶棚，天花板	N2
職人（しょくにん）⓪	【名】	手艺人，工匠；行家，专家	N2
形態（けいたい）⓪	【名】	形态，样子	N1
育児（いくじ）①	【名】	育儿	N2
施設（しせつ）①②	【名】【他动3】	设施，设备	N2
重視（じゅうし）①⓪	【名】【他动3】	重视	N2

近年来，许多国家结婚率下降，单身人士增多，请从不同角度分析其原因，并谈谈自己的看法。以下是青木裕太的作文。

結婚する人が少なくなる理由について

経済的な要因として、住宅価格が高いことや、キャリアが不安定であることから、結婚や生活にかかる費用を捻出することに自信を持たない若者が多い。

自立心の高い現代女性は、男女平等の観点から見て、結婚や家族に対する期待も変化している。家族のために自分のキャリアを犠牲にしたり、伝統的な家族の役割分担を受け入れたりすることに抵抗を感じる女性が多い。

個人の自立という観点から見れば、結婚や子どもを人生の必要な段階と考えない若者が増えている。個人の自由を重視し、結婚に縛られることを望まないのである。

以上の要因で、結婚率は低下し、独身が増えつづけていると考える。(290)

"卒婚"与"分居婚"

"卒婚"一词来自杉山由美子『卒婚のススメ』(《不妨从婚姻中毕业》)一书。由于某著名艺人宣布与配偶处于"卒婚状态"而引起广泛瞩目。很多普通夫妇也开始尝试这种新型的婚姻模式。

"从婚姻中毕业"有别于离婚，是在保留婚姻关系的前提下，或分居，或在同一屋檐下互不干涉，追求各自兴趣爱好，享受自由人生的状态。过去，人们认为婚姻给个人幸福带来保障和安全感。在社会流动性增强，自由选择增加的背景下，婚姻在人们眼中反而变成经济和情感负担的来源。许多人希望摆脱这些负担，享受以自我为中心的生活和自由时间，所以把"卒婚"作为开始人生新阶段的选择。

一些年轻人既想和相爱的人共度人生，又不愿因此失去单身生活的自由，于是创造出“分居婚”的选项。法律上完成婚姻登记的夫妇，在生活中保留各自的生活空间，只在必要的时候团聚。

“分居婚”和“卒婚”都体现了人们对自身生活的重视，同时也可以看出婚姻作为一种郑重的承诺在今天依然具有很大的魅力。

第一单元小结

1. 表示前后文关系的句型

本单元中重点学习了包括递进、让步、并列、比较等多种表示前后文关系的句型。掌握此类表示前后文逻辑关系的句型，能够帮助我们更好地理解句子之间、段落之间的逻辑关系，从而更好地理清文章的脉络结构。进入N3级别的日语学习，我们会面临更多长难句的挑战。理解此类句型是我们理解长难句，高效阅读较长文章的一大利器。

句型	含义	例句	课数
～はもちろん	……自不用说，就连……也……	この学校では、外国語はもちろん、外国の文化や習慣についても教えている。	1
～だけでなく	不仅……	図書館では本が借りられるだけでなく、文献検索の方法なども教えてもらえる。	1
～一方 / 一方で / 一方では～	一方面……，另一方面……	彼はサラリーマンである一方で、小説家でもある。	1
たとえ / たとい～ても	即使……，也……	たとえ専門家でも、全て正しく答えられるわけではない。	2
～も～ば～も～	既有……，也有……	このレストランは値段も高ければ、サービスも悪い。	3
～にしろ～にしろ / ～にせよ～にせよ / ～にしても～にしても	不论是……，还是……	アイスクリームにしろ、ケーキにしろ、私は甘い物が好きです。	4
～に比べ（て） / と比べ（て）	与……相比	以前に比べて水道水の水質が向上している。	4

2. 表示原因、结果的句型

在表示前后文关系的句型中，本单元还学习了较多表示因果含义的句型。因数量相对较多，为了便于分辨和理解，在此处分开进行总结。

句型	含义	例句	课数
～わけにはいかない	不能……	お兄さんの結婚式なら、帰らないわけにはいかないでしょう。	3
～もの / もん	因为……	A: なんで昨日の会議に来なかったの？ B: 会議があること、知らなかったんだもの。	4
～わけだ	难怪……	A: 彼はアメリカに留学していたらしいよ。 B: それで英語が上手なわけだ。	4
	也就是说……	彼は大学を卒業して会社に入ったので、もう立派な社会人なわけだ。	4

3. 与「という」相关的句型

在日语中，「という」组成了较多表示不同含义的句型，也是日语语法中重要的组成部分。由于不同课时分散学习，容易遗忘，故在此进行总结，帮助理解、记忆。

句型	含义	例句	课数
～って	据说……	彼は明日来られないって言った。	2
～というのは / とは	所谓的……是……	みりんというのは、和食に欠かせない調味料の一つだ。	2
～や～といった	类似……这样的	すき焼きや天ぷらといった日本食が好きです。	3
～ということだ	也就是说……	あそこの英語教室は 2 時間で 8000 円らしいよ。つまり、1 時間で 4000 円もかかるということだね。	3
	听说……	天気予報によると、明日は雨が降るということだ。	3

续表

句型	含义	例句	课数
～というと / といえば / といったら	说起……	冬といえば連想するものは何ですか。	3
	前接「か」，要问……的话	なぜ合格できたかと言えば、日頃の練習のおかげだ。	3

4. 表示观点、看法的句型

日语中有许多表示观点、看法的句型。有些句型会通过疑问、否定、被动等形式缓和语气，使表达个人观点时的语气更加委婉。有些否定形式的句型可能表达的是肯定的含义，在学习时要注意分辨。

句型	含义	例句	课数
～べき / べきだ / べきではない	（不）应该……	やるべきことがいっぱいある。	3
～とされている	一般认为……	ハトが平和の象徴とされている。	3
～（の）ではないか	表达说话人的推测或主张	顔色悪いよ。病気なんじゃないか。	4

5. 固定句式总结

句型	含义	例句	课数
～てやってください	能否请你……（为别人做某事）	ぜひ、弟に英語を教えてやってください。	1
～として	作为……	姉は大学を卒業して日本語教師として働いている。	1
～による / により / によって（は）	根据……	このアルバムには有名な作曲家による作品が収録されている。	1
～を込めて	包含着……	母の日に、感謝の気持ちを込めて、母に手紙を書きました。	1

续表

句型	含义	例句	课数
～を～とする	把……当作……	姉たちは結婚を前提として付き合っています。	1
～において / における	在……之中	2022 年北京において冬季オリンピックが行われた。	2
～直す	重新……	やり直すチャンスをください。	2
～なんか / なんて	居然……	まさか自分が撮影現場に出られるなんて、夢にも思わなかった。	2
～ていらっしゃる / ておいでになる	是……，正在……	田中さんは東京出身でいらっしゃいますか。	3
～に対して / に対する	对……	先生に対して悪い態度をとってはいけません。	3
～たまえ	你给我……	青木君、よく聞きたまえ。	4
～一方だ	越来越……	韓国の結婚率も下がる一方だ。	4
～に関して / に関する	关于……	授業の内容に関して質問があれば、聞いてください。	4

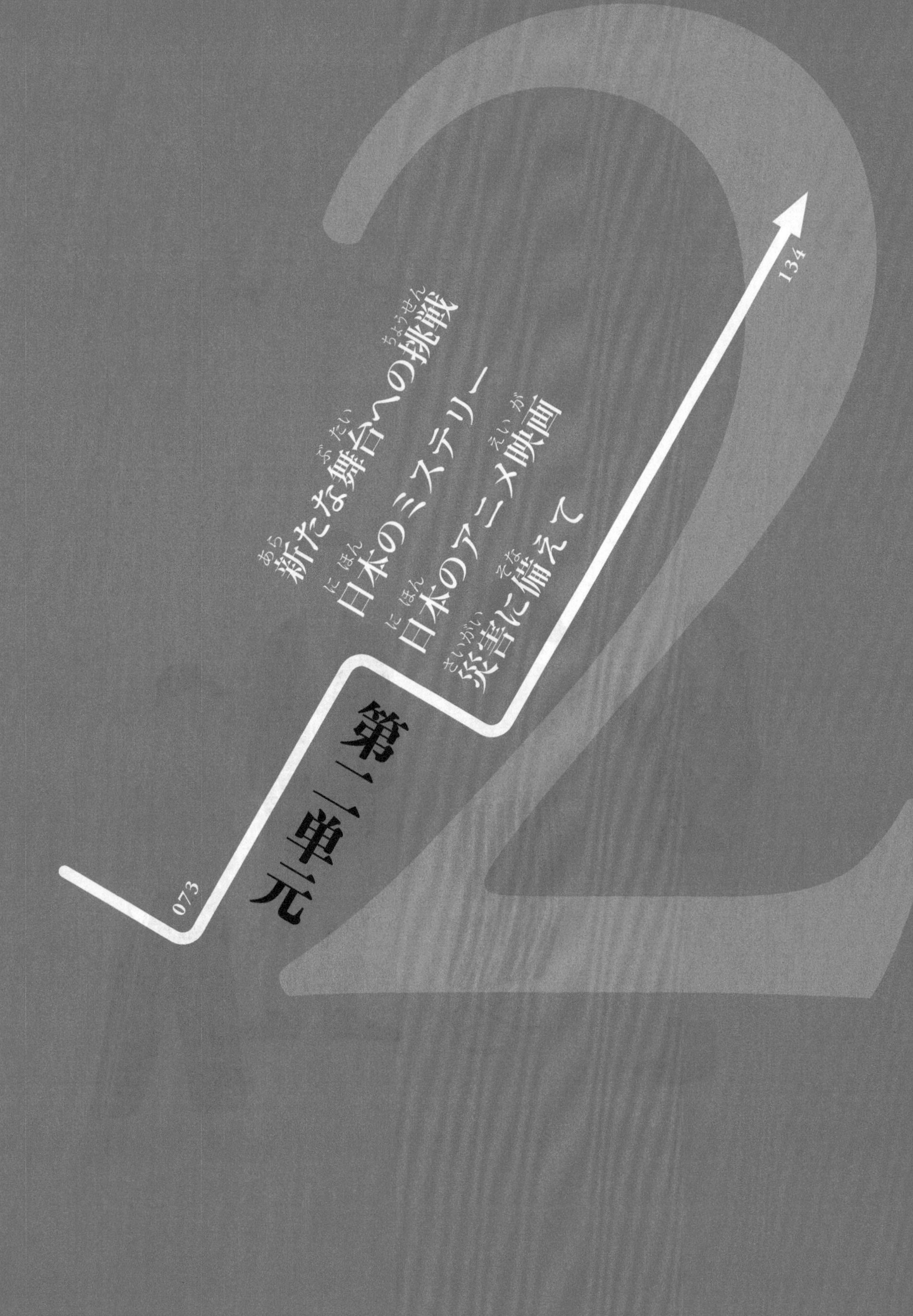
第二単元
073
新たな舞台への挑戦
日本のミステリー
日本のアニメ映画
災害に備えて
134
2

第五課

新たな舞台への挑戦

（教室里，同学们谈论起正在生病休假的佐佐木）

唐琦琦：　佐々木さん、今日も授業を休んだけど、大丈夫でしょうか。

青木裕太：　僕も心配して電話した。電話で聞いた話では、先週入院したって。

唐琦琦：　えっ、入院？先週、ゼミの後一緒に食事をしたけど、あの時は確か食欲がなかったようで。佐々木さんはインフルエンザかもって。インフルエンザじゃなかったの？

青木裕太：　急に熱を出して、体温が 40 度を超えたらしい。最初はただ季節性のインフルエンザだと思ったが、解熱剤を飲んでも下がらないから、病院へ行ったら、肺炎だと言われてそのまま入院しちゃったらしい。でも、もうすぐ退院できるそうだよ。

金敏恵：　えっ、インフルエンザで肺炎に。道理で熱が下がらないものだ。

青木裕太：　この頃のインフルエンザは油断すると、そうなるらしいよ。

唐琦琦：　そう。この頃、インフルエンザがすごいらしい。佐々木さんはレポートやらバイトやら忙しくて、免疫が落ちちゃってかかったのかもしれないね。

金敏恵：　佐々木さんは頑張り屋で我慢強いから、辛くても休まず無理していたでしょう。ところで、インフルエンザを予防するのに、どうすればいいでしょう。

ロブ：　インフルエンザには、体調を整えて、自身の免疫力向上が何よりの予防法だよ。

唐琦琦：　でも、免疫力を高めるのに、どうすればいいの？

ロブ：　免疫を高めるには日頃から運動をすることに限るよ。

金敏恵：　運動はしたいけど、勉強もバイトも忙しくて、時間がないよ。私にはおいしくて栄養のあるものがいいのかも。

语法说明 1

1. ～だろうか

今日も授業を休んだけど、大丈夫でしょうか。

（她今天也没来上课，没事儿吧？）

接续：　名词 / ナ形容词词干 + だろうか

动词 / イ形容词的简体形 + だろうか

用法： 表示询问或怀疑，意思是“会……吗？”“是……吗？”。

例句：

① 好きだといったのは嘘だろうか。/ 他说喜欢我，不会是骗人的吧。

② また大事な書類をなくしちゃった。部長に叱られないだろうか。/ 我又把重要的文件弄丢了。部长会不会骂我呀？

③ 李さんは今日会社を休みました。具合が悪いでしょうか。/ 小李今天没来上班。是身体不舒服吗？

④ 留学のためにどんな準備が必要だろうか。/ 留学需要做哪些准备呢？

2. ～の話では

電話で聞いた話では、先週入院したって。

（我在电话里听说是上周住院了。）

接续： 名词＋の話では

动词た形＋話では

用法： 表示消息、传闻的来源，意思是“据……所说”。

例句：

① 先生の話では、明日は休講らしい。/ 听老师说明天不上课。

② 知り合いから聞いた話では、今年試験の形式が大きく変わるそうです。/ 我听一个熟人说，今年考试的形式会发生很大变化。

3. ～ものだ

道理で熱が下がらないものだ。

（怪不得烧退不下去。）

接续： 动词简体形＋ものだ

イ形容词简体形＋ものだ

ナ形容词词干＋な＋ものだ

用法： ① 说明事物的本质或描述一般常识，意思是“原本就……”。

② 表示感叹，表达强烈的感情或愿望。意思是“真是……啊！”“真想……”。

③ 表示回忆，意思是“曾经……”。

例句： ① 年を取ると、物忘れが激しくなるものだ。/ 上了年纪之后就会变得健忘。

② お母さんの手料理が食べたいものだ。/ 真想吃妈妈做的菜啊。

③ 若い頃はよく残業していたものだ。/ 年轻的时候我常常加班。

4. ～やら～やら

佐々木さんはレポートやらバイトやら忙しくて、免疫が落ちちゃってかかったのかもしれないね。

（佐佐木又是忙着写报告又是忙着打工，也许是免疫力下降而患上了流感呢。）

接续： 名词＋やら＋名词＋やら

动词基本形＋やら＋动词基本形＋やら

イ形容词＋やら＋イ形容词＋やら

用法： 列举两个具有代表性的例子，后多接消极评价。意思是“……啦……啦”“又……又……”。

例句： ① お母さんは毎日家の掃除やら料理の準備やらで大変です。/ 妈妈每天又要打扫家里又要准备饭菜，特别辛苦。

② 先週は高熱が出るやら、大事な資料を忘れるやらで、さんざんだった。/ 上周又是发高烧，又是忘带重要资料，倒霉透了。

③ 値段が高いやら、料理がまずいやら、彼は文句を言っている。/ 他又说价格贵，又说菜难吃，一直在吐槽。

5. ～には

免疫(めんえき)を高(たか)めるには日頃(ひごろ)から運動(うんどう)をすることに限(かぎ)るよ。

（要想提高免疫力就必须平常坚持锻炼。）

接续：　动词基本形＋には

用法：　表示目的、目标，意思是“要想……（就得……）”。

例句：

① 図書館(としょかん)に入(はい)るには、事前予約(じぜんよやく)が必要(ひつよう)です。/ 要进图书馆得提前预约。

② 日本(にほん)で働(はたら)くには、就労(しゅうろう)ビザを作(つく)らなければならない。/ 要在日本工作就必须得办工作签证。

词汇 1

整える（ととのえる）④③	【他动 2】	备齐；谈妥；整理	N2
体調（たいちょう）⓪	【名】	健康状态，身体条件	N3
油断（ゆだん）⓪	【名】【自动 3】	疏忽大意	N2
予防（よぼう）⓪	【名】【他动 3】	预防	N2
免疫（めんえき）⓪	【名】	免疫	N2
高める（たかめる）③	【他动 2】	提高，抬高，加高	N2
向上（こうじょう）⓪	【名】【自动 3】	提高，进步	N2
退院（たいいん）⓪	【名】【自动 3】	出院	N3
物忘れ（ものわすれ）③	【名】【自动 3】	忘记，忘事	N3
頑張り屋（がんばりや）⓪	【名】	很努力的人	N3
道理（どうり）③	【名】	道理；情理	N3
日頃（ひごろ）⓪	【名】【副】	平时，平常	N2
さんざん③⓪	【ナ形】【副】	狼狈不堪，凄惨状；严重，厉害，狠狠地	N2
文句（もんく）①	【名】	意见，牢骚，异议	N2
事前（じぜん）⓪	【名】	事前，事先	N2

ゼミ①	【名】	讨论课，研讨会	N3
食欲（しょくよく）⓪	【名】	食欲	N3
体温（たいおん）①	【名】	体温	N2
高熱（こうねつ）⓪	【名】	高热，高烧	N3
解熱剤（げねつざい）③	【名】	退烧药	·
肺炎（はいえん）⓪	【名】	肺炎	N3
就労（しゅうろう）⓪	【名】【自动3】	就业；着手工作	N2
ビザ①	【名】	签证，入国许可	N4
季節性（きせつせい）⓪	【名】	季节性	·
休講（きゅうこう）⓪	【名】【自动3】	（教师）停止讲课，停课	N2

新たな舞台への挑戦

フィギュアスケートの世界で人々に忘れがたい演出を届け続けている人がいる。日本の羽生結弦選手だ。中国でも長年、高い人気を誇っている。

意外なことに、オリンピック連覇を果たした羽生選手がフィギュアスケートを始めた理由は、持病の喘息を克服するためだった。病弱だった羽生少年は、練習に励み、努力を重ね、才能を開花させ、早くから国内外の大会で輝かしい成績を残していく。

その優れた技術、豊かな表現力とロマンチックな演技から、「氷上の王子様」とも称され、世界中のファンの心を掴んできた。

しかし、近年、けがなどに悩まされていた羽生選手は、ついに2022年に勝負の場から離れて、競技者ではなくアスリートとしてプロになる道を選んだ。彼は記者会見で次のように胸のうちを打ち明けた。

「これからはプロのアスリートとして、フィギアスケートを大切にし、羽生結弦の理想を追い求めながら頑張っていきます。どうかこれからも応援してください」

記者会見では、「今後の人生における最優先事項を教えてほしい」という質問を受け、羽生選手は「成功させられる努力をすること」「人間として美しくあり、一生胸を張って生きていける生き方をすること」「勉強に励み、常に勉強し続けること」だと答えた。

羽生選手の決意に、世界中のファンが温かい声援を送り、彼の新たな活躍に期待している。常に自分へ挑戦し続けてきた羽生選手の姿は、これからも多くの人々に夢と希望を与え続けるだろう。

语法说明 2

1. ～がたい

フィギュアスケートの世界で人々に忘れがたい演出を届け続けている人がいる。

（有一位花样滑冰选手一直给人们带来难以忘怀的演出。）

接续： 动词~~ます~~形＋がたい

用法： 强调困难程度，多为说话人的主观感受。意思是“难以……”。

例句： ① 佐藤さんはなかなか優秀で得がたい人材だ。/ 佐藤非常优秀，实在是难得的人才。

② 大人向けの絵本だから、子どもには理解しがたい。/ 这是给成年人看的绘本，小孩很难理解。

③ 彼女の言っていることは信じがたい。/ 她说的话我很难相信。

2. ～ことに

意外なことに、オリンピック連覇を果たした羽生選手がフィギュアスケートを始めた理由は、持病の喘息を克服するためだった。

（令人意外的是，蝉联多届奥运冠军的羽生，最初是为了克服哮喘的毛病才开始练习花滑的。）

接续： 动词た形 + ことに

イ形容词 + ことに

ナ形容词词干 + な + ことに

用法： 表示说话人的评价，前项多接表示感情状态的词语，意思是“令人……的是”。

例句： ① 驚いたことに、彼氏のお父さんは私の高校時代の先生だった。/ 令人吃惊的是，我男朋友的父亲居然是我高中时的老师。

② 嬉しいことに、もうすぐ春休みになります。/ 令人开心的是，马上就要放春假了。

③ 残念なことに、桜はまだ咲いていないようです。/ 遗憾的是，樱花还没开。

词汇 2

誇る（ほこる）②	【自他动 1】	夸耀，自豪	N2
悩ます（なやます）③	【他动 1】	使烦恼，困扰	N2

張る（はる）⓪	【自他动1】	伸展，展开；覆盖；张开	N3
励む（はげむ）②	【自动1】	努力，刻苦，勤奋，勤勉	N2
優れる（すぐれる）③	【自动2】	出色，优秀；(身体、精神、天气) 好，佳	N2
演技（えんぎ）①	【名】【自动3】	演技；表演	N2
表現力（ひょうげんりょく）③	【名】	表现力	*
重ねる（かさねる）⓪	【他动2】	重叠堆放，加上；屡次	N2
努力（どりょく）①	【名】【自动3】	努力，勤勉	N3
追い求める（おいもとめる）⑤	【他动2】	追求	N2
理想（りそう）⓪	【名】	理想，梦想	N2
打ち明ける（うちあける）④⓪	【他动2】	毫不隐瞒地说出，坦率说出	N2
開花（かいか）①⓪	【名】【自动3】	开花；努力等得到回报，有了成果	N2
克服（こくふく）⓪	【名】【他动3】	克服	N2
称する（しょうする）③	【自他动3】	称，名字叫……；假称，冒充	N2
優先（ゆうせん）⓪	【名】【自动3】	优先	N2
事項（じこう）①	【名】	事项；项目	N2
決意（けつい）①	【名】【自动3】	决心，决意；下决心	N2
輝かしい（かがやかしい）⑤	【イ形】	耀眼的；辉煌的	N2
病弱（びょうじゃく）⓪	【ナ形】	病弱，虚弱	N3
新た（あらた）①	【ナ形】	新；重新，再次	N2
挑戦（ちょうせん）⓪	【名】【自动3】	挑战	N2
常に（つねに）①	【副】	时常，经常	N2
どうか①	【副】	请；总算；不正常；是……还是……	N3
フィギュアスケート⑤	【名】	花样滑冰	*
プロ①	【名】	职业，专业	N2
アスリート③	【名】	运动员，体育家	*
持病（じびょう）⓪①	【名】	旧病，宿疾，老毛病	N2
喘息（ぜんそく）⓪	【名】	哮喘	N2
長年（ながねん）⓪	【名】	多年，长年累月	N2
連覇（れんぱ）①	【名】	连续获胜，连续（取得）冠军	N2

勝負（しょうぶ）①	【名】【自动3】	胜负；比赛，一决胜负	N2
声援（せいえん）⓪	【名】【他动3】	声援，呐喊助威；支持，支援	*

练习

一、读写

1. 根据汉字写出假名。

❶食欲　❷退院　❸体調　❹休講　❺就労

（　　）（　　）（　　）（　　）（　　）

❻日頃　❼克服　❽持病　❾演技　❿勝負

（　　）（　　）（　　）（　　）（　　）

2. 根据假名写出汉字。

❶けが　❷かいか　❸どりょく　❹びょうじゃく　❺ぜんそく

（　　）（　　）（　　）（　　）（　　）

❻ながねん　❼れんぱ　❽もんく　❾こうねつ　❿こうじょう

（　　）（　　）（　　）（　　）（　　）

二、单项选择

从1、2、3、4中选出填入（　　）内的最佳选项。

1. 暑い日は冷たいビールに（　　）。

　1. かぎる　2. さがる　3. はたす　4. のこる

2. （　　）を防ぐため，家に帰ったら、うがいをするようにしたほうがいい。

　1. インタネット　2. インフルエンザ　3. ロマンチック　4. プロ

3. 「でも、そのチーズは好きじゃないんだもの」

　「体にいいから、（　　）食べなさいよ」

　1. なやまず　2. ほこらず　3. のこさず　4. あたえず

4. 君が（　　）問題を増やしてくれなくても、もうわれわれは十分問題を抱えているんだ。

　1. ゆたかな　2. にぎやかな　3. しずかな　4. あらたな

5. 科学者が（　　）主張しているように、いかなる科学的な発見はそれ自体は善でも悪でもない。

1. あきらかに　　2. つねに　　3. とくに　　4. さすがに

6. その人が言っていることは何も根拠もないし常識外れで、とうてい理解（　　）。

1. しやすい　　2. しがたい　　3. しあげる　　4. しこむ

7. 残念（　　）、私がたずねた時に、その人はもう引っ越したあとだった。

1. ことに　　2. なことに　　3. ことは　　4. なことは

8. 多くの親が子どもを厳しく叱るのは、相手を尊重したり、礼儀正しい態度を身に（　　）思っているからです。

1. つけたい　　2. つきたい　　3. つけてほしい　　4. ついてほしい

9. その電車に乗る（　　）予約を取る必要があります。

1. には　　2. とは　　3. では　　4. へは

10. 子どもの頃、よく近所の友達と川に泳ぎに（　　）。

1. 行くものだ　　2. 行ったものだ　　3. 行くことだ　　4. 行ったことだ

三、组词成句　**从 1、2、3、4 中选出填入__*__的最佳选项。**

1. （　　）たくさん______ ______ __*__ ______です。

1. もの　　2. 運動し　　3. たら　　4. 疲れる

2. （　　）昨日、お酒を飲み過ぎたせいで、頭が______ ______ __*__ ______、大変だったよ。

1. 痛い　　2. やらで　　3. 吐き気がする　　4. やら

3. （　　）8時のバスに______ ______、__*__ ______出なければならない。

1. 家を　　2. 間に合う　　3. 7時に　　4. には

4. （　　）彼はいつも嘘ばかりつくので、______ ______ __*__ ______。

1. も　　2. 信じがたい　　3. 今回の話　　4. 本当かどうか

5. （　　）______ ______、__*__ ______パリで働けることになった。

1. 来年から　　2. 夢だった　　3. 嬉しい　　4. ことに

四、汉译日

1. **听朋友说，他明年要去日本留学。**（～の話では）

____。

2. **要保持健康，早睡早起是最重要的。**（～には）

____。

3. **让人吃惊的是，从前一直对大城市充满向往的她最后竟然留在了老家。**（～ことに）

____。

五、听力

1. **听录音，写出括号中空缺的单词。**

(1)（　　　　）から十分(じゅうぶん)な（　　　　）をとることは健康(けんこう)の基本(きほん)だ。

(2) 私(わたし)は試験(しけん)でいい（　　　　）をとった。

(3) 田中(たなか)さんは（　　　　）（　　　　）で業界(ぎょうかい)でよい評価(ひょうか)を受(う)けている。

(4) あまり（　　　　）にこだわらずにプロセスを楽(たの)しもう。

(5)（　　　　）と現実(げんじつ)のギャップに（　　　　）若者(わかもの)が多(おお)いのではないか。

2. **听录音，从1、2、3、4中选出正确选项。**

1. 体(からだ)を動(うご)かすことを楽(たの)しんでほしいから
2. 競争意識(きょうそういしき)を身(み)につけてほしいから
3. 健康(けんこう)な体(からだ)になってほしいから
4. 仲間意識(なかまいしき)を身(み)につけてほしいから

3. **听录音，从1、2、3、4中选出正确选项。**

1. よい靴(くつ)を買(か)う
2. はっきりした目標(もくひょう)を立(た)てる
3. 友(とも)だちと走(はし)る
4. 前(まえ)の日(ひ)より長(なが)く走(はし)る

词汇 3

引退（いんたい）⓪	【名】【自动3】	引退，退职	N3
ジャンプ①	【名】【自动3】	跳跃，跳起	N3
回転（かいてん）⓪	【名】【自动3】	（围绕轴心）旋转，转动；（头脑）反应；周转	N2

感性（かんせい）⓪	【名】	感性，感受性	N2
負担（ふたん）⓪	【名】【他动3】	承担，负担	N2
ギャップ①	【名】	裂口，裂缝；间隙；差距	N2
自体（じたい）⓪①	【名】	本身，自身	N2
到底（とうてい）⓪	【副】	无论如何也，怎么也……	N1
業界（ぎょうかい）⓪	【名】	业界，行业	N2
プロセス②	【名】	经过，过程；程序，工序	N2
現実（げんじつ）⓪	【名】	现实，实际	N2
根拠（こんきょ）①	【名】	根据，依据	N1
常識（じょうしき）⓪	【名】	常识；常情	N2
ライバル①	【名】	竞争对手	N2
競技（きょうぎ）①	【名】【自动3】	比赛；体育比赛	N2
共有（きょうゆう）⓪	【名】【他动3】	共享，共有	N2

冬奥会让我们认识了许多花样滑冰运动员，感受到冰上运动的独特魅力。你了解花样滑冰吗？请谈谈你对这项运动的看法。以下是罗布的作文。

フィギュアスケートの選手は若いほうがいい？

フィギュアスケートの選手は、他のスポーツに比べて引退する年齢が非常に早い。背が高く体が大きい大人のライバルに比べ、思春期前の競技者は、体が小さい分、高いジャンプや、難しい回転などがこなしやすい。しかし、激しいトレーニングや競技は若い競技者にとって大きな負担となる可能性がある。若いスケーターの心身の健康を守る管理が必要だ。

また、フィギュアスケートは高い感性を競うスポーツでもある。選手は年齢を重ねるとともに、音楽への理解を深め、感情表現が豊かになる。出場選手の年齢を制限したり、年齢別にグループ分けをしたりすることを検討する必要があるのではないかと思う。(277)

专栏

花样滑冰强国的秘密

日本是花样滑冰强国，花样滑冰运动员结合自身出色的技术和高超的表现力，在完成高难度动作的同时，优雅地在音乐中阐述情感和故事，在奥运会和世界锦标赛上频摘桂冠。

日本成为花滑强国的转折点是 1992 年。那一年，日本获得了 1998 年长野冬奥会的举办权，伊藤绿成为亚洲第一位花样滑冰奥运会奖牌得主，冰上运动在日本国内开始受到重视。JSF（日本滑冰协会）为备战长野冬奥会在长野县建立训练基地，开设了青少年发展集训营。集训营一年举办一次，9—12 岁的青少年选手通过地区选拔入选。由此，集训营成为日本花滑顶尖选手的摇篮。许多明星选手都曾参加过集训营。

日本还拥有众多热爱花滑运动的观众。全日本花样滑冰锦标赛的场馆座无虚席，电视和网络媒体对赛况的报道也吸引了广泛关注。国内的高关注度吸引了商业和财政对该项运动的支持，形成了有利于该项运动发展的良性循环。

第六課

日本(にほん)のミステリー

（同学们一起去看望在家养病的佐佐木玲子）

唐琦琦：　佐々木さん、具合はどう？いつも元気な佐々木さんが入院で何日も授業を休むなんて、みんな心配してたよ。顔色は悪くないけど、気分はどう？

佐々木玲子：　おかげさまで、だいぶよくなったよ。

金敏恵：　佐々木さんの好きなプリンを買ってきたよ。あと、このひまわりの花も。早く元気になって。

佐々木玲子：　あ、ありがとう。プリンもひまわりの花も大好きなの。わざわざ買ってきてくれてありがとう。でも、やっぱり早く学校に戻ってみんなと授業に出たいな。

青木裕太：　心配することはない。先生も、来週はゴールデンウイークだから、佐々木さんに回復するまでゆっくり休むようにと、おっしゃってたよ。

佐々木玲子：　でも、毎日寝てばかりで、退屈してしまったよ。

唐琦琦：　そうだろうと思って、東野圭吾の新発売の小説を持ってきたけど、読む？

佐々木玲子：あ、それ、読みたかったんだ。貸してもらえる？

唐琦琦：　はい、どうぞ。ミステリーが読みたいぐらい元気になったみたいで、安心した。

金敏恵：　よくなったつもりでも、夜更かしして小説を読んじゃだめよ。

佐々木玲子：はい、分かった。みんなのおかげで、すっかり元気になったよ。忙しいのに見舞いに来てくれてありがとう。

语法说明 1

1. ～ことはない / こともない

心配することはない。

（不必担心。）

接续：　动词基本形 + ことはない / こともない

用法：　表示“说话人认为不必做某事”，意思是“用不着……”“不必……”。

例句：

① もう準備万端だから、焦ることはないよ。/ 已经准备得很周全了，不用着急。

② あの店はそんなにおいしくないから、わざわざ行くことはないと思う。/ 那家店不太好吃，我觉得没必要特意去。

2. ～ように

先生（せんせい）も、来週（らいしゅう）はゴールデンウイークだから、佐々木（ささき）さんに回復（かいふく）するまでゆっくり休（やす）むようにと、おっしゃってたよ。

（老师也说了，下周是黄金周，你好好休息，等彻底康复再回来上课。）

接续： 动词简体形 + ように

用法： 表示间接引用的内容，前项一般是表示请求、指令、忠告等的内容，后面常用「言（い）う・書（か）く・頼（たの）む・お願（ねが）いする」等动词。

例句：

① 早（はや）くお金（かね）を返（かえ）すようにと彼（かれ）に言（い）ってくれないか。/ 麻烦帮我跟他说一声，让他尽快还钱。

② 電話（でんわ）をするように伝（つた）えておきます。/ 我会转告他，让他给你打电话的。

3. ～くらい / ぐらい

ミステリーが読（よ）みたいぐらい元気（げんき）になった。

（身体恢复得很好，都想看推理小说了。）

接续： 名词 + くらい / ぐらい

动词 / イ形容词的简体形 + くらい / ぐらい

ナ形容词词干 + な + くらい / ぐらい

用法：

① 表示某动作或状态的程度，意思是"……得都要……了"。

② 表示最低程度，意思是"至少……"。

③ 表示最高程度，意思是"没有比……更……"。

例句：

① ここくらいおいしいラーメン屋（や）さんはないと思（おも）う。/ 我觉得没有比这里更好吃的面馆了。

② あの時（とき）の景色（けしき）は忘（わす）れられないぐらいきれいだった。/ 那天的景

色美得让人难以忘怀。

③ あの時は恥ずかしくて、穴があったら入りたいぐらいだった。/ 当时特别不好意思，简直想找个地缝钻进去。

④ 来週は暖房が必要なくらい寒くなるそうです。/ 听说下周降温，会冷到需要开暖气。

⑤ そんなことぐらい、自分で考えなさいよ。/ 那么点小事情，自己动脑筋想想。

4. ～つもり

よくなったつもりでも、夜更かしして小説を読んじゃだめよ。

（就算觉得自己病好了，也不能熬夜看小说哦。）

接续： 名词＋の＋つもり

动词た形 / ている形＋つもり

イ形容词＋つもり

ナ形容词词干＋な＋つもり

用法： 表示此人信以为真的事情与事实不符，意思是“自以为……”。

例句：

① 何様のつもりだ。/ 你以为自己是谁呀。

② 完全に覚えたつもりだったけど、テストになると焦って出てこない。/ 本以为全部记住了，但一到考试就紧张得什么都想不起来。

③ 分かっているつもりだったけど、結局理解が不十分なところが多い。/ 本以为都懂了，但还是有很多理解不到位的地方。

④ 若いつもりでいたが、さすがに徹夜での作業はもう無理だ。/ 本以为自己还年轻，但需要熬夜的工作实在是做不了了。

⑤ 本人は丁寧なつもりかもしれませんが、既にマナー違反です。/ 本人或许以为自己还挺礼貌，但其实已经违反礼仪规则了。

词汇 1

作業（さぎょう）①	【名】【自动 3】	工作，操作，作业，劳动	N2
夜更かし（よふかし）②③	【名】【自动 3】	熬夜	N2
違反（いはん）⓪	【名】【自动 3】	违反，违章，违规	N3
退屈（たいくつ）⓪	【名】【ナ形】【自动 3】	无聊，厌倦	N2
回復（かいふく）⓪	【名】【自他动 3】	恢复；康复	N3
わざわざ①	【副】	特意，故意	N2
万端（ばんたん）⓪	【名】	一切，万事	N3
プリン①	【名】	布丁	N3
ひまわり②	【名】	向日葵	N3
ゴールデンウイーク⑦	【名】	黄金周（在日本，指 4 月下旬到 5 月上旬连续休假的一个星期）	N3
ミステリー①	【名】	推理小説	N2
穴（あな）②	【名】	洞，穴，窝；亏空；缺点；漏洞	N2
真夏（まなつ）⓪	【名】	盛夏，仲夏	N2
発売（はつばい）⓪	【名】【他动 3】	发售，出售	N3

日本のミステリー

日本の文学には、多彩なジャンルが存在し、その中でもミステリー小説は長い歴史と高い人気を保っている。その歴史は、江戸川乱歩や横溝正史など著名な作家たちが築き上げてきたもので、彼らの作品は日本の探偵小説の伝統を作り上げている。テレビが普及してから、『名探偵コナン』のような人気アニメへと展開し、幅広い世代に愛されるようになった。

探偵小説の伝統を受け継ぎ、現代に活躍するミステリー作家の一人が東野圭吾だ。『白夜行』や『容疑者Xの献身』などのベストセラー作品で知られている東野圭吾は、江戸川乱歩以来の伝統を継承し、独自の視点で社会と人間のありさまを描いており、多くの読者を惹きつけている。

東野圭吾の作品は、本格推理の要素が強く、その謎解きに読者が引き込まれていくようになっている。しかし、その魅力はけっして謎解きだけではなく、社会派推理小説の要素も取り入れられている。東野圭吾は、登場人物の生い立ちや内面を丁寧に描くことによって、現代社会の問題や人間の心の闇を引き立たせている。

このような東野圭吾の作品は、日本の文学界において独自の地位を築いており、国外でも高い評価を受けている。日本のミステリーは、これまで幅広いテーマや表現手法を取り入れて発展してきた。それらの多様性は、日本の文学の豊かさを示しており、さらなる創作の可能性を感じさせる。これからは、東野圭吾をはじめとする作家たちが、探偵小説の魅力を広げていくことが期待されている。彼らはきっと、探偵小説の伝統を守りながら、独自の視点や新しい表現方法を取り入れる作品を創り出していくのだろう。

1. ～ようになっている

東野圭吾の作品は、本格推理の要素が強く、その謎解きに読者が引き込まれていくようになっている。

（东野圭吾的作品有着较强的正统推理流派的特色，读者会不由得被其解谜过程所吸引。）

接续： 动词基本形 / ない形 / 可能形 + ようになっている

用法： 表示某事物的构造、功能、特点等，意思是“可以……”“会……”。

例句：

① お金を入れてボタンを押すと、切符が出るようになっている。/ 把钱放进去并按下按钮之后，就会出票。

② 認証番号を入力しないと、ログインできないようになっている。/ 不输入验证码就无法登录。

③ 当店では電子マネーが使えるようになっています。/ 本店可以使用电子货币支付。

2. ～をはじめ（として）/ をはじめとする

これからは、東野圭吾をはじめとする作家たちが、探偵小説の魅力を広げていくことが期待されている。

（我们期待以东野圭吾为首的作家们，今后继续扩大侦探小说的魅力。）

接续： 名词 + をはじめ（として）/ をはじめとする

用法： 表示举出一个具有代表性的例子，意思是“以……为首”“以……为代表”。

例句：

① 中村部長をはじめ、皆様には色々とお世話になりました。/ 一直以来都承蒙中村部长以及各位同事的照顾。

② 当店ではタイをはじめとする東南アジア地域の食品を取り扱っています。/ 本店在售泰国等东南亚地区的食品。

词汇 2

解く（とく）①	【他动 1】	解开；拆开（缝的、系的东西）	N2
謎（なぞ）⓪	【名】	谜；暗示	N2
引き込む（ひきこむ）③	【他动 1】	引进，拉进；拉拢；感冒	N2
作り上げる（つくりあげる）⑤	【他动 2】	塑造，构造	N2
生い立ち（おいたち）⓪	【名】	成长；经历	N2
内面（ないめん）⓪③	【名】	内部，里面；内心	N2
登場（とうじょう）⓪	【名】【自动 3】	登场，出场	N2
人物（じんぶつ）①	【名】	人物	N2
取り入れる（とりいれる）④⓪	【他动 2】	采用，引进；收进；收割	N2
築き上げる（きずきあげる）⑤	【他动 2】	筑成，建成；积累，奠定	N3
引き立つ（ひきたつ）③	【自动 1】	显眼，显得好看，醒目	·
受け継ぐ（うけつぐ）③⓪	【他动 1】	继承，接替	N2
継承（けいしょう）⓪	【名】【他动 3】	继承	N2
普及（ふきゅう）⓪	【名】【自动 3】	普及	N2
展開（てんかい）⓪	【名】【自他动 3】	展开；开展	N2
発展（はってん）⓪	【名】【自动 3】	发展	N2
可能性（かのうせい）⓪	【名】	可能性	N2
さらなる①	【连体】	更，更进一步	·
多彩（たさい）⓪	【ナ形】	缤纷多彩	N2
著名（ちょめい）⓪	【名】【ナ形】	著名	N1
有様（ありさま）⓪②	【名】	样子，光景，情况，事物的状态	N1
本格（ほんかく）⓪	【名】	正规，正统	N2
推理（すいり）①	【名】【他动 3】	推理，推论，推断	N2
要素（ようそ）①	【名】	要素；因素，因子	N2
読者（どくしゃ）①	【名】	读者	N2
白夜（びゃくや）①	【名】	白夜；见于高纬度地方的夏天从日落到日出都处于微明的状态	·
探偵（たんてい）⓪	【名】【他动 3】	侦探，暗中探寻机密或案情（的人）	N2
献身（けんしん）⓪	【名】【自动 3】	献身，舍己，舍身	N2

ベストセラー④	【名】	畅销书	N2
現代（げんだい）①	【名】	现代；〈史〉现代	N2
容疑者（ようぎしゃ）③	【名】	嫌疑人	N2
闇（やみ）②	【名】	黑暗，黑夜；迷茫	N2
ジャンル①	【名】	种类，体裁，流派	N2
取り扱う（とりあつかう）⑤⓪	【他动1】	对待，接待；看待；操作，操纵	N2
認証（にんしょう）⓪	【名】【他动3】	（由官方）认证，确认，承认，证明	*
ログイン③	【自动3】	登入，登录	*
マネー①	【名】	钱，金钱	N2

练习

一、读写

1. 根据汉字写出假名。

❶退屈　❷回復　❸万端　❹作業　❺多彩

（　　　）（　　　）（　　　）（　　　）（　　　）

❻普及　❼展開　❽白夜　❾献身　❿継承

（　　　）（　　　）（　　　）（　　　）（　　　）

2. 根据假名写出汉字。

❶いはん　❷まなつ　❸ありさま　❹ほんかく　❺ようそ

（　　　）（　　　）（　　　）（　　　）（　　　）

❻とうじょう　❼はってん　❽やみ　❾にんしょう　❿たいとう

（　　　）（　　　）（　　　）（　　　）（　　　）

二、单项选择

从1、2、3、4中选出填入（　　）内的最佳选项。

1.　（　　）お手紙（てがみ）をいただきましてありがとうございました。

1. わざと　2. わざわざ　3. しばらく　4. おかげさまで

2.　（　　）会（あ）わないうちにずいぶん大（おお）きくなったね。

1. だいぶ　2. やっぱり　3. しばらく　4. すっかり

3. 若い（　　）には常に変化するIT環境に対する適応力がある。

1. 年代　2. 時代　3. 世代　4. 現代

4. 借りたものなんだから、もうちょっと（　　）扱いなさいよ。

1. わざわざ　2. ていねいに　3. ゆたかに　4. まじめに

5. こんな（　　）仕事は耐えられない。

1. 丁寧な　2. 素直な　3. 退屈な　4. 穏やかな

6. 困ったことがあったらいつでも話しかけてね。一人で（　　）よ。

1. 悩むことはない　2. 悩んだことはない

3. 悩むことがない　4. 悩んだことがない

7. そんなこと（　　）子どもでもわかる。

1. さえ　2. ばかり　3. くらい　4. ほど

8. 相手の立場になった（　　）で、相手の気持ちに寄り添うことが重要だ。

1. はず　2. つもり　3. わけ　4. ばかり

9. このパソコンは、しばらく使わないと画面が暗くなる（　　）。

1. ことになる　2. ことになっている

3. ようになる　4. ようになっている

10. 戻ったら家に電話する（　　）お伝えください。

1. みたい　2. よう　3. そう　4. らしい

三、组词成句　**从1、2、3、4中选出填入＿＊＿的最佳选项。**

1. （　　）来週、また帰って来るんだから、わざわざ＿＿＿＿＿＿＿＿

＿＊＿＿＿＿よ。

1. 来る　2. 見送りに　3. 空港まで　4. ことはない

2. （　　）隣の人に、ステレオの＿＿＿＿＿＿＿＊＿＿＿＿

頼んだ。

1. もらう　2. 下げて　3. ように　4. 音量を

3. （　　）テスト範囲の単語を＿＿＿＿＿＿＿＊＿＿＿＿

が、知らない単語がいくつかあった。

1. だった　2. つもり　3. 覚えた　4. 全て

4. （　　）____ ____ __*__ ____疲れるなんて、

もっと運動したほうがいいよ。

1. くらい　　2. ちょっと階段を　3. で　　4. 上がった

5. （　　）日本の____ ____、__*__ ____、生け

花、漫才などが挙げられる。

1. 歌舞伎　　2. としては　　3. 伝統芸能　　4. をはじめ

四、汉译日

1. 自认为挺强壮的，没想到稍微跑了跑步就累成这样。（～つもり）

________________________________。

2. 这台自动售货机，只要把钱塞进这里饮料就会出来。（～ようになっている）

________________________________。

3. 再怎么忙，给家里人打个电话的时间总归有吧。（～くらい）

________________________________。

五、听力

1. 听录音，写出括号中空缺的单词。

（1）社長は（　　　）に東京に（　　　）そうです。

（2）（　　　）していた（　　　）は（　　　）で、読むのをやめた。

（3）京都は（　　　）と（　　　）がある町だ。

（4）スマホの（　　　）で、人々の生活は便利になりました。

（5）そのアニメ（　　　）は小さい子どもから年配の人まで（　　　）ファンを持っている。

2. 听录音，从 1、2、3、4 中选出正确选项。

1. 最近、読みたい本が減ってきている
2. インターネットで読める本は便利だ
3. 本は、実物に触れて読んだり選んだりしたい
4. 忙しくても、本屋で本を探すべきだ

3. 听录音，从 1、2、3、4 中选出正确选项。

1. 特別なものとして認識すべきだ
2. 世界の文学の一つだと認識すべきだ
3. 外国の文学との違いをはっきりさせるべきだ

词汇 3

生き残る（いきのこる）④⓪	【自动1】	保住性命，幸存	N2
適応（てきおう）⓪	【名】【自动3】	适应，顺应	N2
リード①	【名】【自动3】	带领；（体育比赛）领先	N1
ダウンロード④	【名】【他动3】	下载	N2
対等（たいとう）⓪	【ナ形】	对等，同等，平等	N2
リアル①	【ナ形】	现实的，实际的，真实的，本来的	N2
シーン①	【名】	光景；场面；景色，风景	N2
実物（じつぶつ）⓪	【名】	实物，原物	N2
奈落（ならく）⓪	【名】	地狱；最底层	*
脅威（きょうい）①	【名】	威胁，胁迫	N2
暗闇（くらやみ）⓪	【名】	漆黑，黑暗	N2

你有喜欢的推理小说吗？请推荐一本推理小说，并简单说明推荐理由。以下是唐琦琦的作文。

私の好きな推理小説

私は東野圭吾さんの小説が大好きだ。その中で、私が一番お勧めしたいのは『白夜行』だ。『白夜行』は、小学生の時から恋心を抱く少年少女がお互いを守るために奈落の底に落ちていくという物語である。

物語の展開上、主人公の男女は同じシーンに登場することはなく、まったく違う世界に生きている。しかし、二人は生き残るために自分たちにとって脅威となる人物を全部消していくのだ。悲劇的なストーリーに、人の心の闇が描かれている。

本書をお勧めする理由は、他に類を見ない作品の構成と、繊細でリアルな描写が優れている点、そして、読む人に人間の本質について考えるきっかけを与えて

くれるからである。(282)

专栏

江户川乱步的悬疑世界

江户川乱步（1894—1965），本名平井太郎，是日本著名的推理小说家，被誉为日本推理小说之父。 这个笔名的日文读音是“艾特加华伦坡”，据说是根据推理小说鼻祖,美国作家埃德加·爱伦·坡（Edgar Allan Poe,1809—1849）的谐音得来的。

江户川乱步的小说经常探讨人性的阴暗面和犯罪心理，复杂的描述和紧张的情节创造了涉及心理和社会的推理故事。人物的双重性格和反常行为、曲折离奇的情节和巧妙的结构不断挑战着读者的推理能力和审美感官。江户川乱步的悬疑世界并不是单纯的娱乐，也不仅仅止步于让读者屏息沉迷，还刻画了社会的黑暗面和人性的复杂性，引起读者对人和社会的重新审视。

他为开拓日本的侦探小说做出了很大的贡献，1961 年获得由日本天皇亲授的紫绶褒章。他的许多作品被改编成影视剧，成为日本文学最重要的组成部分之一。

第七課
日本のアニメ映画

青木裕太：　琦琦さん、週末は何をして過ごした？

唐琦琦：　雨だったので、家で『千と千尋の神隠し』を見て過ごしたよ。

青木裕太：　宮崎駿監督の名作か。懐かしいな。

唐琦琦：　中学生の時に一度見たけど、10年ぶりに見て、違う感動を覚えた。

青木裕太：　違う感動って？

唐琦琦：　中学生の時は、音楽や画面がよくて感動したけど、今回は千尋の成長に感動した。

青木裕太：　宮崎駿監督の作品は見るたびに新しい発見があるからね。自然と人間の共生や、平和と戦争についての問題を真剣に考え、メッセージを見る人に訴える力があるね。日本のアニメといえば、新海誠監督の作品もおすすめ。ところで、新海誠監督の新作、もうすぐ公開されるんだって。

唐琦琦：　はい、『すずめの戸締まり』でしょう。来週公開される予定なの。

青木裕太：一緒に見に行かない？僕は『秒速５センチメートル』以来、新海誠監督の大ファンなの。ちょうどバイト代も出たし、ランチも奢るよ。

唐琦琦：あっ、ごめん。金さんと一緒に見に行く約束をしているの。また今度誘ってくれる？

青木裕太：もちろん。感想を聞かせてね。

唐琦琦：はい。ぜひ。

语法说明 1

1. ～ぶり

10年ぶりに見て、違う感動を覚えた。

（时隔10年再次观看，体会到了不同的感动。）

接续：名词＋ぶり（に）

名词1 ＋ぶりの＋名词2

名词＋ぶりだ

用法：一般前接表示时间的名词，构成时间状语。也可加「の」构成连体修饰语，加「だ」构成名词谓语句。意思是“时隔……”。

例句：

① 昨日、3年ぶりに高校時代の友達に会った。/ 昨天，我跟3年未见的高中朋友碰面了。

② 3年ぶりのふるさとは懐かしくて暖かかった。/ 时隔3年回到家乡，感觉既怀念又温暖。

③ 地震で止まっていた電車が再開したのは3か月ぶりでした。/ 因为地震停运的火车时隔3个月重新开始运营了。

2. ～たびに

宮崎駿監督の作品は見るたびに新しい発見があるからね。

（每次看宫崎骏导演的作品都有新发现。）

接续：　动词基本形＋たびに

名词 ＋の＋たびに

用法：　「たびに」接在连体修饰语后，构成状语。意思是“每次……的时候都……”。

例句：　① 父は本屋に行くたびに、たくさん本を買って帰る。/ 我父亲每次去书店都会买很多书回家。

② 兄は会うたびに面白い話を聞かせてくれる。/ 每次和哥哥见面他都会说很多有意思的事。

③ 引越しのたびに荷物が増える。/ 每次搬家东西都会越来越多。

词汇 1

訴える（うったえる）④③	【他动 2】	呼吁；控诉	N2
お勧め（おすすめ）⓪	【名】【自动 3】	推荐，推荐的对象	*
共生（きょうせい）⓪	【名】【自动 3】	共存，共生	N2
再開（さいかい）⓪	【名】【自他动 3】	重启，再开始，重新进行，恢复	N2
真剣（しんけん）⓪	【名】【ナ形】	严肃认真，一本正经	N2
新作（しんさく）⓪	【名】	新作品	N2
名作（めいさく）⓪	【名】	名作，杰出的作品	N2
秒速（びょうそく）⓪	【名】	秒速	*
センチメートル④	【名】	厘米	N4
神隠し（かみかくし）③	【名】	突然失踪，下落不明	*
戸締まり（とじまり）②	【名】	锁门	N2
中学生（ちゅうがくせい）④③	【名】	初中生	N4

日本のアニメ映画

日本のアニメ映画は独特な世界観、繊細なつくりと深い思想性を持ち、世界中のファンを魅了している。特に、宮崎駿監督や新海誠監督、高畑勲監督など世界的に有名なアニメクリエイターたちの作品は、その質の高さから海外でも高い評価を受けている。

宮崎駿監督は、アカデミー賞を受賞した『千と千尋の神隠し』をはじめとする数々の名作を世に送り出している。千尋の成長と友情を描くこの物語は、視聴者に深い感動を与えた。また、彼の作品は、主人公の成長を描くだけでなく、自然と人間の共生や、平和と戦争についてのメッセージを視聴者に訴える力がある。

新海誠監督の代表作『君の名は。』は、美しい映像とタイムスリップという要素を用いた独特なストーリーが話題になった。異なった環境で生きている二人の少年少女が繋がることで生まれる愛と成長を描いており、多くの人々の心に残る作品となった。

高畑勲監督の『かぐや姫の物語』は、平安時代の日本を舞台に、繊細で美しいアニメーションで描かれている。天から舞い降りたかぐや姫の生き様と人間世界での生活を通じて、命の尊さや悲しみを伝えた。

それぞれ異なる魅力を持つこれらの作品は、美しい映像と繊細なつくりによって多くの視聴者の心を捉えている。また、作品に込める思想性は、アニメをただの娯楽作品から、深いメッセージを伝える芸術作品へと向上させている。優秀なアニメ作品は、これからも国境を越えて人々の心に響く物語を描き、世界から注目を集め続けることだろう。

语法说明 2

1. 动词＋ている

異なった環境で生きている二人の少年少女が繋がることで生まれる愛と成長を描いており、多くの人々の心に残る作品となった。

（这部电影描述了两个在不同环境中成长的男孩和女孩命运联结后的爱和成长，给许多人留下深刻印象。）

接续： 动词て形＋いる

用法：

① 表示动作正在进行，意思是“正在……”。

② 表示习惯，意思是“常常……”。

③ 表示“动作已经完成，其结果一直保留”，意思是“已经……”。

④ 表示恒久不变的状态。

⑤ 表示“完结或未完结”，意思是“已经……”或“尚未……”。

例句：

① 母は大学で日本文学を教えています。/ 我母亲在大学教日本文学。

② アニメクリエーターたちが作り出す作品は、そのクオリティーの高さから海外でも高い評価を受けている。/ 动漫作家创作的作品因其优秀的质量在海外也总是受到高度评价。

③ 金さんと一緒に見に行く約束をしています。/ 已经和金同学约好一起去看了。

④ 母と娘はよく似ている。/ 母女俩长得很像。

⑤ あの作品はまだ見ていません。/ 那部作品我还没看过。

2. ～を通じて

天から舞い降りたかぐや姫の生き様と人間世界での生活を通じて、命の尊さや悲しみを伝えた。

（它通过从天而降的辉夜姬的生活和她在人类世界的故事传达了生命的珍贵和悲怆。）

接续： 名词 + を通じて

用法： 表示某行为或信息传达的手段、媒介，即根据前项的手段、媒介等去完成后项的事情。意思是“通过……”“经过……”。

例句：

① 音楽を通じて理解し合う。/ 通过音乐相互理解。

② 先輩を通じて、中村さんと知り合った。/ 通过前辈，认识了中村先生。

③ 人に教えることを通じて、自分も理解を深めることができる。/ 通过教别人，可以加深自己的理解。

3. ～によって

それぞれ異なる魅力を持つこれらの作品は、美しい映像と繊細なつくりによって多くの視聴者の心を捉えている。

（这些作品都各有其独特的魅力，通过美丽的画面和细腻的制作俘获了许多观众的心。）

接续： 名词 + によって

用法： 表示某行为的手段、方法，基本等同于助词「で」的用法。

例句：

① インターネットによっていろいろな情報を簡単に手に入れることができる。/ 通过网络能轻松获取各种信息。

② 面接の結果はメールによって送られる。/ 面试结果将通过邮件送达。

词汇 2

用いる（もちいる）③⓪	【他动 2】	利用；采用	N2
送り出す（おくりだす）④	【他动 1】	送出；推出	N2
世（よ）①⓪	【名】	世间	N2
数々（かずかず）①	【名】【副】	众多	N2
異なる（ことなる）③	【自动 1】	不同；特别	N2
舞い降りる（まいおりる）④	【自动 2】	降临	*
込める（こめる）②	【他动 2】	装填；包含；集中（精力）	N2
注目（ちゅうもく）⓪	【名】【自他动 3】	注目，注视	N2
舞台（ぶたい）①	【名】	舞台	N2
物語（ものがたり）③	【名】	故事	N2
尊い（とうとい）③	【イ形】	高贵的；珍贵的	N1
悲しみ（かなしみ）⓪③	【名】	悲哀；忧愁	N3
質（しつ）⓪	【名】	品质	N3
クオリティー②	【名】	质量；品质	*
世界観（せかいかん）②	【名】	世界观	N2
思想性（しそうせい）⓪	【名】	思想性	*
アカデミー賞（しょう）④	【名】	奥斯卡金奖，学院奖	*
タイムスリップ⑤	【名】【自动 3】	穿越（时空）	*
アニメーション③	【名】	动画电影；动漫	N4
クリエーター③	【名】	创造者，创作家，设立者	*
平安時代（へいあんじだい）⑤	【名】	平安时代	*
芸術（げいじゅつ）⓪	【名】	艺术	N2
友情（ゆうじょう）⓪	【名】	友谊，友情	N2
姫（ひめ）①	【名】	公主；（贵族的）小姐	N2
視聴者（しちょうしゃ）②	【名】	收看者，观众	N2
代表作（だいひょうさく）③	【名】	代表作	N2

話題（わだい）⓪	【名】	话题	N2
国境（こっきょう）⓪	【名】	国境，国界	N2
生き様（いきざま）⓪	【名】	生活方式	*

练习

一、读写

1. 根据汉字写出假名。

❶名作	❷共生	❸新作	❹再会	❺友情
（　　）	（　　）	（　　）	（　　）	（　　）
❻幼い	❼土台	❽観衆	❾芸術	❿舞台
（　　）	（　　）	（　　）	（　　）	（　　）

2. 根据假名写出汉字。

❶びょうそく	❷しんけん	❸こっきょう	❹ちゅうもく	❺ひはん
（　　）	（　　）	（　　）	（　　）	（　　）
❻ひひょう	❼きょうぞん	❽ことなる	❾もちいる	❿かずかず
（　　）	（　　）	（　　）	（　　）	（　　）

二、单项选择

从 1、2、3、4 中选出填入（　　）内的最佳选项。

1. 今回(こんかい)の事件(じけん)は世間(せけん)の（　　）を集(あつ)めました。

   1. 注目(ちゅうもく)　　2. 注射(ちゅうしゃ)　　3. 注意(ちゅうい)　　4. 注文(ちゅうもん)

2. 彼(かれ)の作品(さくひん)は国内外(こくないがい)で（　　）を博(はく)している。

   1. 評価(ひょうか)　　2. 好評(こうひょう)　　3. 批評(ひひょう)　　4. 批判(ひはん)

3. これからの人生(じんせい)に（　　）、いろいろ考(かんが)えました。

   1. とって　　2. かけて　　3. ついて　　4. くらべて

4. これは母(はは)が心(こころ)を（　　）作(つく)った料理(りょうり)です。

   1. 入(い)れて　　2. 付(つ)けて　　3. 込(こ)めて　　4. 詰(つ)めて

5. みなさんのおかげで賞(しょう)を取(と)りました。みなさんに感謝(かんしゃ)の気持(きも)ちを（　　）です。

   1. 与(あた)えたい　　2. 描(えが)きたい　　3. 集(あつ)めたい　　4. 伝(つた)えたい

6. 社長、お（　　）ですか。

1. 呼び　2. 話し　3. 言い　4. 叫び

7. 旅行に行ったら、観光を（　　）だけでなくそこに住む人々との交流も楽しみの一つだ。

1. 楽しい　2. 楽しむ　3. 楽しかった　4. 楽しめる

8. 東京大学に入学して、周りの人を（　　）。

1. びっくりした　2. びっくりされた

3. びっくりさせた　4. びっくりさせられた

9. 言葉でコミュニケーションをする（　　）、細かいことを伝えられるようになった。

1. ことに　2. ことで　3. ように　4. ようで

10. 傘を持っていなかったから、急に降り（　　）雨に降られてしまった。

1. つづけた　2. だした　3. おわった　4. かけた

三、组词成句　**从 1、2、3、4 中选出填入＿＿*＿＿的最佳选项。**

1. （　　）田中先生と話す＿＿＿＿ ＿＿＿＿ ＿＿*＿＿ ＿＿＿＿だ。

1. 大学卒業　2. のは　3. 五年ぶり　4. 以来

2. （　　）今この映画館で＿＿＿＿ ＿＿＿＿ ＿＿*＿＿ ＿＿＿＿がアカデミー賞を受賞した映画です。

1. 映画　2. どれも　3. 上映している　4. の

3. （　　）小さな鈴はぼくが＿＿＿＿ ＿＿＿＿、＿＿*＿＿ ＿＿＿＿立てる。

1. 響きを　2. 歩く　3. かすかな　4. たびに

4. （　　）今は＿＿＿＿ ＿＿＿＿ ＿＿*＿＿ ＿＿＿＿。

1. 通じて　2. えられる　3. 様々な情報が　4. ホームページを

5. （　　）私は毎朝＿＿＿＿ ＿＿＿＿ ＿＿*＿＿ ＿＿＿＿、ゆっくり朝食を食べる時間や新聞を読む時間を作っています。

1. 起きる　2. 早く　3. によって　4. こと

四、汉译日

1. **每次唱这首歌，都会让我想起童年的往事。**（～たびに）

____。

2. **我在写一篇关于中国动漫的作文。**（～について）

____。

3. **他一直学习了5个小时。**（～ている）

____。

五、听力

1. **听录音，写出括号中空缺的单词。**

(1) 彼は（　　　　）考え方があります。

(2) 子どもの（　　　　）が早いものです。

(3) （　　　　）文化の共存が求められています。

(4) この作品は視聴者に深い感動を（　　　　）。

(5) 多くの若者にとって、アニメを見るのが（　　　　）です。

2. **听录音，从1、2、3、4中选出正确选项。**

1. 土曜日の4時
2. 土曜日の5時
3. 日曜日の4時
4. 日曜日の5時

3. **听录音，从1、2、3、4中选出正确选项。**

1. 高い芸術性があるから
2. 美しい画面があるから
3. ストーリーが面白いから
4. 音楽がいいから

词汇3

批評（ひひょう）⓪	【名】【他动3】	批评，评论；影评	N2
批判（ひはん）⓪	【名】【他动3】	批判，批评	N2
共存（きょうそん）⓪	【名】【自动3】	共存，共处	N2
製作（せいさく）⓪	【名】【他动3】	制造，制作，生产	N2

幼い（おさない）③	【イ形】	幼小，幼稚	N3
土台（どだい）⓪	【名】	地基；基础	N1
観衆（かんしゅう）⓪	【名】	观众	N2

日本动漫在全世界受到广泛欢迎，请从多种角度分析其原因。以下是唐琦琦的作文。

日本のアニメが世界中で有名な原因

日本のアニメは世界中にファンがいる。その人気の理由は三つあると思う。

まず、物語が面白いからである。『ドラえもん』や『ワンピース』など、人気漫画から作られるものが多く、物語の土台がしっかりしている。マンガファンの読者がアニメの熱心な支持者になる。

それから、作りが繊細で、画面も音楽も美しいからである。宮崎駿や新海誠の作品は、一目でわかるような独特な味わいがあり、ファンを惹きつけている。画面だけでなく、アニメの音楽も質が高い。久石譲作曲のアニメ音楽は物語の世界をより豊かなものにしている。

最後に、日本のアニメは深い思想性がある。子どもだけのために作られたものではなく、幅広い年齢の観衆のために制作されている。自然との共存や戦争と平和などのテーマに真剣に取り組む作品も少なくない。そこには時代を超える魅力がある。(354)

日本动漫中的机器人

机器人是日本动漫中一个广受欢迎的独特元素。从超级英雄到亲密伙伴，机器人在动漫中扮演着各种角色。

阿童木是日本动漫中最具代表性的机器人之一，由手冢治虫于 1952 年创作，它拥有人类的情感和超人的能力，捍卫正义，与邪恶势力作斗争。《铁臂阿童木》在世界范围内取得了巨大的成功，并对后来的机器人动漫产生了深远的影响。另一部著名的机器人动漫是 1995 年发行的《新世纪福音战士》。这部以战斗机器人为主角的作品探讨了关于人性、技术与哲学的复杂主题。

除了这两部作品，还有许多其他知名的机器人动漫作品。机器人被描绘成强大的、智能的、富有情感的生命，引发人们对科学、技术和人类之间关系的思考和想象。

第八課

災害に備えて

（唐琦琦和金敏恵一起看了电影《铃芽之旅》）

唐琦琦：ああ、いい映画だったね。

金敏恵：前半はたくさん笑ったけど、後半は胸が苦しかった。

唐琦琦：日本にいると、地震がすごく身近に感じられて、リアリティが強かったからかもしれないね。

金敏恵：はい。でも、琦琦さんの母国は安全で、住みよい国なので、地震の怖さを感じたことはないでしょう？

唐琦琦：いや、子どもの時は一回大地震を経験したことがあるよ。災害というものは、普段の備えがいちばん大事と言うからね。

金敏恵：琦琦さんは留学生寮だったっけ？防災として何かやっている？

唐琦琦：去年、9月1日の防災の日に寮で防災訓練があって、みんなと一緒に参加したけれど、それっきり。自分では何もやっていない。

金敏恵：　私も来たばかりの時に、一度防災講習を受けたっきりで。

唐琦琦：　災害の時は、助け合いも大事だけれど、自分の命は自分で守り、他人に頼るべきではないというのにね。

金敏恵：　じゃあ、帰りにホームセンターに寄って非常食でも買って帰ろうか。最近美味しいのがいっぱい出ているらしいよ。

唐琦琦：　うん、あとハザードマップもチェックしてみよう。

语法说明 1

1. ～られる（自発態）

日本にいると、地震がすごく身近に感じられて、リアリティが強かったからかもしれないね。

（也许是因为身处日本，不由得感到地震就在身边，所以现实感特别强吧。）

接续：　一类动词：动词ない形＋れる

二类动词：动词ない形＋られる

三类动词：（～）する→（～）される

用法：　表示“不由自主地发生”，多为与情感有关的动词。意思是“不禁……”“不由得……”。

例句：　① この写真を見ると、大学時代のことが思い出される。/ 看到这张照片就不禁想起大学时的事情。

② 夏休みの時、一日が短く感じられる。/ 到了暑假就觉得一天变得很短。

③ 病気の友達のことが案じられる。/ 我不由得很担心生病的朋友。

2. ～いい / よい

でも、琦琦さんの母国は安全で、住みよい国なので、地震の怖さを感じたことはないでしょう？

（不过，你的祖国是个安全宜居的国家，所以你应该没有感受过地震的恐怖吧？）

接续：　动词~~ます~~形 + いい / よい

用法：　表示“某事做起来很容易”，多用于积极评价。意思是“易于……”“便于……”。

例句：

① 彼はものわかりよい少年だ。/ 他是个很懂事的少年。

② ここは住みよい街なのでおすすめです。/ 这个城市很宜居，所以很推荐你来。

3. ～というものは

災害というものは、普段の備えがいちばん大事と言うからね。

（所以说自然灾害这种东西，平时防患于未然最重要了）

接续：　名词 + というものは

用法：　解释说明某事物的普遍特征，意思是“……这种东西”。

例句：

① 芸術というものは、人々を感動させる力を秘めている。/ 艺术这种东西蕴藏着打动人心的力量。

② チャンスというものはいつ訪れるか分からない。/ 机会这种东西，不知道什么时候会降临。

4. ～っけ

琦琦さんは留学生寮だったっけ？

（琦琦是住留学生公寓，对吧？）

接续： 名词 / ナ形容词词干 + だ / だった＋っけ

动词 / イ形容词た形 + っけ

用法： 表示向对方确认或回忆，意思是"（是不是）……来着"。

例句：

① さっきの人、佐藤さんだったっけ？/ 刚刚那个人是佐藤吗?

② 若いころは、よく君とあの店へ行ったっけ？/ 年轻时我好像经常跟你一起去那家店，是吗?

③ 中村くんって、そんなに背が高かったっけ？/ 中村个子有那么高吗?

④ 食べないの？スイカが嫌いだったっけ？/ 怎么不吃呀? 你是不是不喜欢吃西瓜来着?

5. ～きり（～ない）

去年、9月1日の防災の日に寮で防災訓練があって、みんなと一緒に参加したけれど、それっきり。

（去年，9月1日防灾日那天跟大家一起参加过宿舍的防灾训练，之后就再也没有了。）

接续： 动词た形 + きり（～ない）

名词 + きり（～ない）

用法：

① 表示"自从前项的情况出现后，后项情况就再未出现过"。意思是"自从……后再也没有……"。

② これ / それ / あれ＋きり / っきり（だ）：表示限定，意思是"只有……"。

例句：

① 夫とは離婚したっきり、ずっと会っていない。/ 自从和丈夫离婚之后就一直没见过面。

② 彼にお金を貸したっきり、返ってこない。/ 钱借给他之后就一直没还给我。

③ 友達からもらった美顔器は一回使っただけで、それっきり放置している。/ 朋友给的美容仪我只用过一次之后就一直放在那儿了。

词汇 1

備える（そなえる）③	【他动 2】	准备；防备	N2
災害（さいがい）⓪	【名】	灾害，灾祸	N2
防災（ぼうさい）⓪	【名】	防灾	N2
訓練（くんれん）①	【名】【他动 3】	训练	N2
頼る（たよる）②	【他动 1】	依靠	N2
秘める（ひめる）②	【他动 2】	隐藏，隐瞒	N2
訪れる（おとずれる）④	【他动 2】	到来，来临，访问	N2
案ずる（あんずる）③⓪	【他动 1】	担心；想，思考	N2
放置（ほうち）①⓪	【名】【他动 3】	放置，搁置，置之不理	N2
対策（たいさく）⓪	【名】	措施，对策，应对的方法	N2
ミス①	【名】【自动 3】	失败，失误，错误	N2
重たい（おもたい）⓪	【イ形】	重，沉；沉闷	N3
苦しい（くるしい）③	【イ形】	痛苦，难受；艰难	N3
身近（みぢか）⓪	【名】【ナ形】	切身；身旁，近旁	N2
美顔（びがん）⓪	【名】	美容，化妆	*
前半（ぜんはん）⓪	【名】	前一半；上半场	N3
後半（こうはん）⓪	【名】	后一半；下半场	N3
リアリティ②	【名】	现实	N2
ハザード①	【名】	灾害	*
マップ①	【名】	地图	*
講習（こうしゅう）⓪	【名】【他动 3】	讲座，讲习	N2
助け合い（たすけあい）⓪	【名】	互相帮助	N2

災害に備えて

日本は、地震や台風、集中降雨などの自然災害が多発する国である。そのため、防災減災に対する意識が高く、日本独自の取り組みが数多く存在している。また、過去に発生した阪神・淡路大震災や東日本大震災など、予期せぬ大規模な災害は、国民の防災意識をさらに高めるきっかけとなった。

日本では、インフラの安全性にも力を入れており、地震や津波に備えて、建物の耐震性や防波堤の整備が進められている。また、避難所や避難経路の整備、避難訓練の実施も定期的に行われる。

近年、外国人観光客や労働者が増える中、彼らに対する災害情報の発信やサポート体制の整備や、外国人を危険から守るため、多言語での情報提供や避難所での外国語対応も進められている。

また、日本では非常食の準備も重視されている。非常食は、災害時に食料が不足することを防ぐために、普段から備えておくべき食品のことである。保存が効く缶詰や乾燥食品、カロリーメイトなどの持ち歩きやすい食品が非常食として用意されることが一般的である。最近、加工技術の進化により味もおいしくなり、防災用の備えとしての役割も兼ねながら、普段からインスタント食品として食べられるようになった。

また、7月から10月にかけては日本に接近・上陸する台風が多くなり、台風や集中豪雨による被害も多い。日本では気象情報の予測精度向上に努めており、台風や集中降雨などの災害の予測がより正確になっている。これにより、事前に避難や備えを行うことが可能となり、被害の軽減が期待されている。一方で、災害予測の国際協力や災害時の国際緊急援助も積極的に行っている。

地震や台風、集中降雨や火山の噴火などの自然災害が発生することは避けられないが、適切な防災減災の取り組みによって、火災などの二次災害を防ぎ、被害を最小限に抑えることができる。何より、災害に備える意識を持ち続けることが、自分や家族、地域の安全を守るために重要であることを忘れてはならない。

语法说明 2

1. ～ぬ / ん

また、過去に発生した阪神・淡路大震災や東日本大震災など、予期せぬ大規模な災害は、国民の防災意識をさらに高めるきっかけとなった。

（另外，阪神大地震和东日本大地震等超出人们预想的大规模灾害也促使国民防灾意识进一步提高。）

接续： 动词ない形＋ぬ / ん

（～）しない→（～）せぬ / せん

用法： 表示否定，意思是“不……”。

例句： ① 世界の人々にとってなくてはならぬ企業を作りたい。/ 我想创立一家对全世界的人来说不可或缺的公司。

② 何言っているのか、さっぱり分からん。/ 你在说什么，我完全不懂。

2. ～から～にかけて

7月から10月にかけては日本に接近・上陸する台風が多くなり、台風や集中豪雨による被害も多い。

（从7月到10月接近日本并登陆的台风增多，台风和大暴雨造成的灾害也很多。）

接续： 名词1 ＋から＋名词2 ＋にかけて

用法： 表示时间或空间的范围，意思是“从……到……”。

例句： ① 昼過ぎから夕方にかけて猛烈な雨が降るのでご注意ください。/ 从中午到傍晚会有暴雨，请注意。

② 昨日地震が発生し、北海道から近畿地方にかけて強い揺れを感じた。/ 昨天发生了地震，从北海道到近畿地区范围内震感强烈。

词汇 2

兼ねる（かねる）②	【他动2】	兼带；兼任	N2
努める（つとめる）③	【他动2】	努力，尽力；效劳，效力	N2
持ち歩く（もちあるく）④	【他动1】	随身携带，带着走	N3
サポート②	【名】【他动3】	支持；后援	N2
数多く（かずおおく）①	【副】	众多	・
労働者（ろうどうしゃ）③	【名】	工人，劳动者	N2
援助（えんじょ）①	【名】【他动3】	帮助，援助，支持	N2
軽減（けいげん）⓪	【名】【自他动3】	减轻	N2
対応（たいおう）⓪	【名】【自动3】	对应	N2

多発（たはつ）⓪	【名】【自动3】	频发	N2
降雨（こうう）①	【名】	降雨	N2
集中（しゅうちゅう）⓪	【名】【自他动3】	集中	N2
予測（よそく）⓪	【名】【他动3】	预测，预料	N2
正確（せいかく）⓪	【名】【ナ形】	正确，准确	N3
予期（よき）①	【名】【他动3】	预期；预料	N2
火山（かざん）①	【名】	火山	N3
噴火（ふんか）⓪	【名】【自动3】	喷火	N2
大規模（だいきぼ）③	【名】【ナ形】	大规模	N2
接近（せっきん）⓪	【名】【自动3】	接近，靠近	N2
上陸（じょうりく）⓪	【名】【自动3】	登陆	N2
避難（ひなん）①	【名】【自动3】	避难	N2
津波（つなみ）⓪	【名】	海啸	N3
発生（はっせい）⓪	【名】【自动3】	发生；出现；产生	N2
発信（はっしん）⓪	【名】【自动3】	宣传	N2
不足（ふそく）⓪	【名】【ナ形】【自动3】	不足，不够，缺乏；不充分；不满	N3
食料（しょくりょう）②	【名】	食品，食物	N2
保存（ほぞん）⓪	【名】【他动3】	保存	N2
乾燥（かんそう）⓪	【名】【自他动3】	晾干，晒干	N2
加工（かこう）⓪	【名】【他动3】	加工	N2
進化（しんか）①	【名】【自动3】	进化；演进	N2
整備（せいび）①	【名】【自他动3】	维修，保养，备齐	N2
定期（ていき）①	【名】	定期；一定的期限(期间)	N3
一般的（いっぱんてき）⓪	【ナ形】	一般的，普遍的	N2
積極的（せっきょくてき）⓪	【ナ形】	积极的，主动的	N2
適切（てきせつ）⓪	【名】【ナ形】	恰当，适当，妥当	N2
インスタント①④	【名】【ナ形】	稍加工即可，速成	N2
何より（なにより）①⓪	【副】【名】	比什么（都好），最好；最	N2
インフラ⓪	【名】	基础设施	*

国民（こくみん）⓪	【名】	国民	N3
減災（げんさい）⓪	【名】	减灾	·
耐震性（たいしんせい）⓪	【名】	抗震性能	·
防波堤（ぼうはてい）⓪	【名】	防洪堤	N2
豪雨（ごうう）①	【名】	豪雨，大雨，暴雨	N2
気象（きしょう）⓪	【名】	气象；天性，秉性	N2
経路（けいろ）①	【名】	路线	N2
地域（ちいき）①	【名】	地域，地区	N2
最小限（さいしょうげん）③	【名】	最低限度；最小范围	N2
多言語（たげんご）②	【名】	多语言	·
言語（げんご）①	【名】	言语，语言	N2
体制（たいせい）⓪	【名】	体制；结构	N2
過去（かこ）①	【名】	过去	N3
メイト①	【名】	伙伴	·
被害（ひがい）①	【名】	受害，受灾，损失	N2
さっぱり③	【副】	整洁，利落；直爽，坦率；完全，彻底	N2
猛烈（もうれつ）⓪	【名】【ナ形】	猛烈，凶猛，激烈	N2
近畿（きんき）①	【名】	近畿地区（日本地名）	·

练习

一、读写

1. 根据汉字写出假名。

❶身近	❷防災	❸訓練	❹講習	❺正確
（　　）	（　　）	（　　）	（　　）	（　　）
❻対策	❼放置	❽多発	❾発生	❿整備
（　　）	（　　）	（　　）	（　　）	（　　）

2. **根据假名写出汉字。**

❶つなみ	❷ふんか	❸けいろ	❹はっしん	❺よき
(　　)	(　　)	(　　)	(　　)	(　　)
❻たいおう	❼ほぞん	❽かんそう	❾しんか	❿ひがい
(　　)	(　　)	(　　)	(　　)	(　　)

二、单项选择　**从 1、2、3、4 中选出填入（　　）内的最佳选项。**

1. 10キロのマラソンを終えた彼は（　　）そうに息をしていた。

1. まずし　2. きびし　3. くるし　4. さびし

2. なんかこの部屋あついね。冷房（　　）いないね。

1. すいて　2. きいて　3. むいて　4. ふいて

3. 試験に（　　）ために、もう一度テキストとノートを復習した。

1. たすける　2. とりくむ　3. すすめる　4. そなえる

4. 大都市は大抵交通網や通信網が（　　）されている。

1. 準備　2. 整備　3. 対応　4. 発信

5. 脂肪1グラムには 9 キロ（　　）が含まれている。

1. カロリー　2. サポート　3. インフラ　4. チェック

6. 金（　　）、なくても困るし、ありすぎても困る。

1. とは　2. ということは　3. というものは　4. については

7. 関東から東北（　　）の一帯は大雨の被害に見舞われた。

1. にとって　2. について　3. に対して　4. にかけて

8. この件については、私もよくわかりません。山下さん（　　）聞いてみたらどうでしょうか。

1. でもに　2. にでも　3. だけに　4. にだけ

9. しまった！今日は宿題を提出する日じゃなかった（　　）。

1. っけ　2. って　3. なんて　4. ぐらい

10. 大学を卒業する前に、どんな仕事をしたいかをちゃんと考えておく（　　）だ。

1. もの　2. べき　3. はず　4. わけ

三、组词成句　**从 1、2、3、4 中选出填入 ___*___ 的最佳选项。**

1. （　）この公園に来ると、________ ________ ___*___ ________。

　1. 子どもの頃　2. が　3. のこと　4. 思い出される

2. （　）________ ________、___*___ ________悪いこともあるものだ。

　1. というものは　2. もあれば　3. いいこと　4. 人生

3. （　）もう________ ________ ___*___ ________。

　1. 今回　2. お金を　3. きりです　4. 貸すのは

4. （　）最後に________ ________ ___*___ ________。

　1. のは　2. 会った　3. っけ　4. いつでした

5. （　）________ ________ ___*___ ________のシーズンです。

　1. 日本は　2. 6月から　3. 梅雨　4. 7月にかけて

四、汉译日　1. **随着年岁增长，感觉时间过得越来越快了。**（～られる）

____。

2. **灾害这种事儿，什么时候发生都不奇怪。所以平时就要注意防范。**（～というものは）

____。

3. **我们不能忘记历史的教训。**（～てはならない）

____。

五、听力　1. **听录音，写出括号中空缺的单词。**

（1）（　　　）の時、速やかに避難できるよう（　　　）から防災訓練に（　　　）している。

（2）（　　　）による被害を防ぐために、（　　　）からの備えが（　　　）です。

（3）人は誰でも（　　　）と望んでいるものです。

（4）（　　　）問題に対する（　　　）を高めよう。

（5）このような事故は（　　　）にも（　　　）したことがある。

2. **听录音，从 1、2、3、4 中选出正确选项。**

1. 講習はよかったから、訓練をしなくてもいい
2. 講習はよかったが、訓練もしたほうがいい
3. 講習はよくなかったから、訓練をしたほうがいい
4. 講習はよくなかったが、訓練をしなくてもいい

3. **听录音，从 1、2、3、4 中选出正确选项。**

1. 市販のものだから、水を入れる前にペットボトルを洗わなくてもいい
2. ペットボトルに入れる水は市販のものを使う
3. ペットボトルを冷蔵庫で保存する
4. ペットボトルの中にできるだけ空気が残らないようにする

词汇 3

市販（しはん）⓪	【名】【他动 3】	在市场出售	N2
提言（ていげん）⓪	【名】【他动 3】	建议，提议	N2
冷静（れいせい）⓪	【名】【ナ形】	冷静，镇静，沉着，清醒，心平气和	N2
賢明（けんめい）⓪	【名】【ナ形】	贤明，英明，高明	N1
総じて（そうじて）⓪	【副】	全部，一切；总的说来，总而言之	N1
講堂（こうどう）⓪	【名】	礼堂，大厅	N2
容器（ようき）①	【名】	容器	N2
キャップ①	【名】	帽子；笔帽；瓶盖	*
テキスト①②	【名】	教材，课本；原文；文本	N4

日本是一个地震频发的国家。假如你是一位在日本留学的学生，在租房的时候需要注意哪些问题？请谈谈你的想法。以下是唐琦琦在课堂上的发言。

宿舎を選ぶときに
注意しなければならないこと

大学の寮は総じて安全なので、寮に入るのがベストだと思います。

大学外の部屋を借りなければならない場合、アパートやマンションの耐震性をチェックしよう。地震で古い家が倒れたりすることがあるので、家賃を節約するために古い家を借りるのは賢明ではないだろう。

最後に、できれば3階以上の部屋を選ぶようにしよう。地震が起きた後、津波が発生することがあり、その高さは10メートルに達することもある。津波が来たら、3階以下の部屋は簡単に水浸しになるから、3階以上の部屋が安心だろう。

学校や地域の防災訓練にも参加しよう。地震の時に慌てないように、普段から避難経路を確認しておくことが大切だと思う。(287)

专栏

日本的地震预警和减灾措施

日本是一个地震灾害频发的国家，为减少地震对人们生命和财产的损害，日本一直在致力于提高地震预警的准确性和防灾能力。然而，地震预警是一个复杂且极具挑战性的领域，目前在科学层面还不可能准确预测地震发生的具体时间、地点和震级。

日本基于对地震活动的观察和研究，建立了地震监测网来监测地震活动并收集数据。日本政府和科学机构正在采取各种措施来提高地震预警和防灾能力。地震预警系统通过监测地震波的传播速度，可以提前几秒到几十秒发出警告。这为人们争取了采取疏散措施的时间。这种预先预警系统在减少地震造成的损害和损失方面发挥了重要作用。

日本政府还采取措施，通过建造抗震建筑、加强防灾教育和制定防灾计划，提高公众对地震的应对能力。日本的建筑和基础设施多采用抗震的建筑材料，致力于提高在地震发生时的安全系数。公众也定期参加防灾演习，以期在地震时迅速采取安全的避难措施。

第二单元小结

1. 「ている」用法总结

「动词 + ている」是日语中非常重要的一个句型。除了表示“正在进行”，实际上「ている」还有多种常见的用法，总结如下。

含义	例句
动作正在进行	今電話をしているので、後で話します。
动作已经完成，其结果一直保留	金さんと一緒に見に行く約束をしています。
习惯	私は最近バスで家に帰っています。
状态	『秒速 5 センチメートル』という作品を知っていますか。
职业	母は大学で日本文学を教えています。
将来完成时	先に帰っているね。

2. 自发态（～られる）

日语动词有五种不同的态，被称为“五大态”。分别是可能态、被动态、使役态、使役被动态和自发态。此处对动词自发态进行归纳总结。

【含义】使用被动形式或使役被动形式，用于描述动作主心中不由自主地产生某种情感。

【例句】① この写真を見ると、大学時代のことが思い出される。

② 夏休みの時、一日が短く感じられる。

【常见单词】案じる、感じる、思い出す、思う、泣く、笑う、望む、考える、想像する、期待する、判断する……

3. 表示手段的句型

本单元中学习了两个表示手段的句型，但两个句型的具体含义略有差别，需要仔细分辨。

句型	含义	例句	课数
～によって	用……	インターネットによっていろいろな情報を簡単に手に入れることができる。	7
～を通じて	通过……	音楽を通じて理解し合う。	7

4. 表示列举的句型

日语中有许多表示列举的句型，在学习时需要注意分辨该句型表示全部列举还是部分列举，并体会语气的区别。

句型	含义	例句	课数
～をはじめ（として）/をはじめとする	以……为首	中村部長をはじめ、皆様には色々とお世話になりました。	6
～やら～やら	……啦……啦	お母さんは毎日家の掃除やら料理の準備やらで大変です。	5

5. 表示感觉、评价的句型

本单元中学习了不少表示说话人的感觉和评价的句型，这也是在叙述个人想法时常常会用到的句型。掌握此类句型有助于提高写作和阅读能力。

句型	含义	例句	课数
～がたい	难以……（主观感受）	佐藤さんはなかなか優秀で得がたい人材だ。	5
～ことに	令人……的是（评价）	驚いたことに、彼氏のお父さんは私の高校時代の先生だった。	5
～つもり	自以为……	若いつもりでいたが、さすがに徹夜での作業はもう無理だ。	6
～いい / よい	易于……（积极评价）	彼はものわかりのよい少年だ。	8

6. 表示与过去相关的句型

日语中有一些和过去相关的句型，在使用时句意并不会明显表示其过去的含义，但需要注意该句子的时态要使用过去时。

句型	含义	例句	课数
～ものだ	曾经……	若い頃はよく残業していたものだ。	5
	本来就是……	年を取ると、物忘れが激しくなるものだ。	5
	真是……啊	お母さんの手料理が食べたいものだ。	5
～っけ	（是不是）……来着	さっきの人、佐藤さんだったっけ？	8
～ぶり	时隔……再次……	昨日、3年ぶりに高校時代の友達に会った。	7
～きりだ / ～きり（～ない）	只有……/ 自从……后再也没有……	夫とは離婚したきり、ずっと会っていない。	8

7. 固定句式总结

句型	含义	例句	课数
～だろうか	是……吗	好きだといったのは嘘だろうか。	5
～の話では	据……所说	先生の話では、明日は休講らしい。	5
～には	要想……（就得……）	図書館に入るには、事前予約が必要です。	5
～ように	请你（转告）……	早くお金を返すようにと、彼に言ってくれないか。	6
～くらい / ぐらい	……得都要……	あの時の景色は忘れられないぐらいきれいだった。	6
	没有比……更……	ここくらいおいしいラーメン屋さんはないと思う。	6
	至少……	そんなことぐらい、自分で考えなさいよ。	6
～ようになっている	就会……	お金を入れてボタンを押すと、切符が出るようになっている。	6
～ことはない / こともない	用不着……	もう準備万端だから、焦ることはないよ。	6
～たびに	每次……的时候都……	父は本屋に行くたびに、本をたくさん買って帰る。	7

续表

句型	含义	例句	课数
～というものは	……这种东西	芸術というものは、人々を感動させる力を秘めている。	8
～ぬ / ん	不……	世界の人々にとってなくてはならぬ企業を作りたい。	8
～から～にかけて	从……到……	昼過ぎから夕方にかけて猛烈な雨が降るのでご注意ください。	8

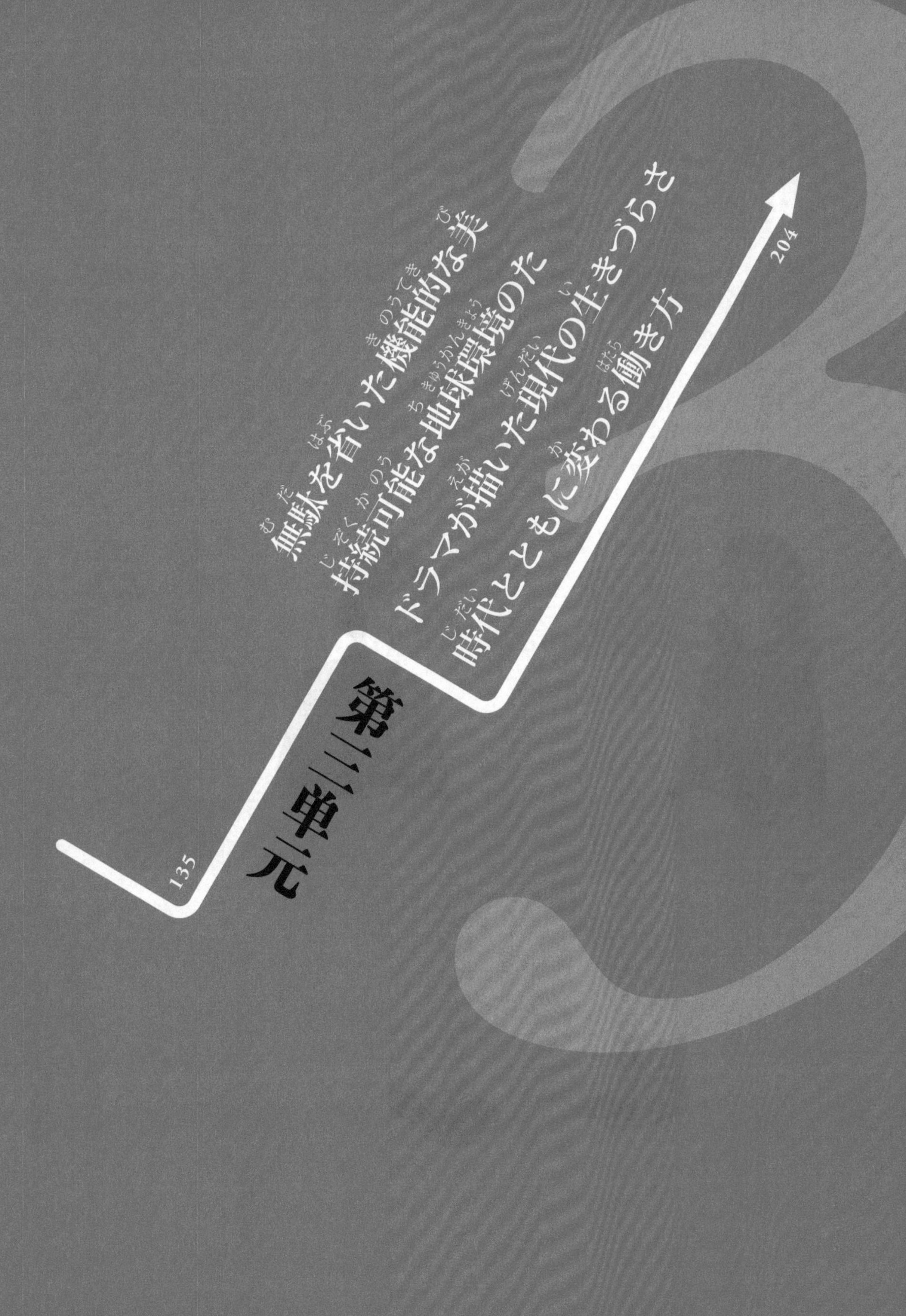

第三単元
135
無駄を省いた機能的な美
持続可能な地球環境のた
ドラマが描いた現代の生きづらさ
時代とともに変わる働き方
204

第九課

無駄を省いた機能的な美

（唐琦琦和佐佐木玲子一起逛商业中心）

佐々木玲子：買い物は疲れるね。コーヒーか何か飲んで休憩しようか。

唐琦琦：うん。じゃあ、いつもの店にしようか。飲み物もあるし、買い物もできる。

佐々木玲子：うん、そうしよう。ところで、琦琦さんはこの店が本当に好きなんだね。ファンなの？

唐琦琦：いや、ファンというほどじゃないけど、好きなのよね。オープン以来よく通っているんだ。この店だけじゃないよ。日本の雑貨全般が好きなの。百円ショップのものでも、素朴でシンプルなように見えても、どれも使いやすくて長持ちするからすごいな、といつも思う。

佐々木玲子：確かに値段以上の価値があるね。

唐琦琦：　この店の製品は天然素材が使われているでしょう。そのナチュラル感から、日本の伝統が感じられるんだ。

佐々木玲子：いわゆるわび、さびとか？

唐琦琦：　そうそう。装飾的ではなく、その伝統から生み出された素材本来の良さを生かすところや、機能性を重視するところがすごくいいと思う。

佐々木玲子：あっ、琦琦さん、この店、夏休み中のインターンを募集しているよ。応募してみたら？同級生の田中さんもここのインターンに応募しようとしているらしいよ。

唐琦琦：　本当？教えてくれてありがとう。応募してみる！

语法说明 1

1. ～か何か

コーヒーか何か飲んで休憩しようか。

（喝杯咖啡什么的休息一下吧！）

接续：　名词＋か何か

动词简体形＋か何か

用法：　表示不确指的列举，意思是“……什么的”“……之类的”。

例句：　① アニメか何かが好きで日本へ留学に来たの？/ 你是因为喜欢动漫之类的才来日本留学的吗?

② デートするなら普通は遊園地に行くか何かだろう。/ 约会的话一般都会逛逛游乐园什么的吧。

2. ～というほどではない / というほどでもない

ファンというほどじゃないけど、好きなのよね。

（虽然说不上是粉丝，但也挺喜欢的。）

接续： 名词＋というほどではない / というほどでもない

动词 / イ形容词的简体形＋というほどではない / というほどでもない

ナ形容词词干＋というほどではない / というほどでもない

用法： 表示“没有达到某个程度”，意思是“算不上……”。

例句：

① うつ病というほどではないが、なんとなく気分が上がらない。/ 虽然还没到抑郁的程度，但总觉得郁郁寡欢。

② 大学の時日本語を少し勉強していたが、会話できるというほどではない。/ 大学的时候学过一点日语，但还没到能对话的程度。

③ うるさいというほどではないが、上に住んでいる人の生活音が気になっている。/ 住在楼上的人平日里发出的声响虽然不算特别吵，但总有些闹心。

④ 今回の試験は簡単というほどではないが、難しくはないよ。/ 这次考试虽然算不上简单，但也不太难。

3. ～ように見える

百円ショップのものでも、素朴でシンプルなように見えても、どれも使いやすくて長持ちするからすごいな、といつも思う。

（即使是百元店里的东西，哪怕看着很普通、很简单，也都很好用，而且很耐用，我一直都觉得这很了不起。）

接续： 名词＋の＋ように見える

动词／イ形容词的简体形＋ように見える

ナ形容词词干＋な＋ように見える

用法： 表示"说话者看到某事物后产生的主观印象"，意思是"看上去好像……"。

例句：

① この超軽量ヘルメットはまるで帽子のように見える。/ 这种超轻型头盔看起来就像帽子一样。

② 彼女は少し大人になったように見える。/ 她看起来好像成熟了些。

③ 彼はメンタルが強いように見えるが、実は他人の目をとても気にしている。/ 他看起来内心强大，但其实很在意别人的眼光。

④ このゲームのルールは複雑なように見えるが、やれば簡単だ。/ 这款游戏规则看起来很复杂，但玩起来挺简单的。

4. ～ようとする

同級生の田中さんもここのインターンに応募しようとしているらしいよ。

（据说同年级的田中也要应聘这里的实习呢。）

接续： 动词意志形＋とする

用法： 表示"将要做某事，将要出现某种新的状况"，意思是"想要……""即将……"。

例句：

① 赤ちゃんが一生懸命頭をあげようとしている。/ 婴儿使出浑身的力气想要把头抬起来。

② 青木さんは琦琦さんに好きだと告白しようとしている。/ 青木想要跟琦琦表白。

③ 桜の花が今にも咲こうとしている。/ 樱花马上就要绽放了。

词汇 1

生み出す（うみだす）③	【他动 1】	产生出，创造出	N2
価値（かち）①	【名】	价值	N2
応募（おうぼ）⓪	【名】【自动 3】	应聘；应征	N2
オープン①	【名】【自他动 3】	开始，开业，开店	N3
カフェ①	【名】	咖啡馆，茶馆	N4
帽子（ぼうし）⓪	【名】	帽子	N4
一見（いっけん）⓪	【名】【副】【他动 3】	一见，一看	N1
長持ち（ながもち）⓪③④	【名】【自动 3】	持久，耐用	N2
装飾的（そうしょくてき）⓪	【ナ形】	装饰性的，装饰方面	N2
～性（せい）⓪	【接尾】	具备……性，性质	*
機能性（きのうせい）⓪	【名】	功能性，作用性	N2
超～（ちょう）①	【接头】	非常，特别	N2
素朴（そぼく）⓪	【名】【ナ形】	朴素；纯朴	N2
軽量（けいりょう）⓪③	【名】【ナ形】	重量轻，分量轻	N2
メンタル①	【ナ形】	心理的，精神上的	N2
所謂（いわゆる）③②	【连体】	所谓的；一般人说的，大家所说的	N2
全般（ぜんぱん）⓪	【名】	全面；全体，所有；通盘	N2
雑貨（ざっか）⓪	【名】	杂货	N2
侘び（わび）⓪	【名】	闲寂，恬静，惆怅	N2
寂び（さび）②	【名】	古雅，朴素优美	N2
遊園地（ゆうえんち）③	【名】	游乐园	N3
うつ病（うつびょう）⓪	【名】	抑郁症	N1
生活音（せいかつおん）⑤	【名】	生活噪音	*
ナチュラル①	【名】	天然；自然，自然状态	N2
ヘルメット①③	【名】	安全帽，头盔	N2
天然（てんねん）⓪	【名】	天然，自然	N2
素材（そざい）⓪	【名】	素材；原材料；题材	N2
ピンク①	【名】	桃红色，粉红色	N4
インターン③	【名】	实习	*

他人（たにん）⓪	【名】	别人，外人	N3
新色（しんしょく）⓪	【名】	新色样	N2
本来（ほんらい）①	【名】	本来，原来；应该	N2

無駄を省いた、機能的な美

日本のデザインは、シンプルで簡素なライフスタイルを追求する傾向がある。無駄を省き、機能的で美しいデザインが消費者の支持を得ている。

日本を代表するグラフィックデザイナーは数多くいる。彼らのシンプルで洗練されたデザインは、侘びと寂びの精神を感じさせ、日本の伝統的な美意識が現代のデザインに生き続けていることを示している。

これらの創造は伝統芸術や文化の精神からインスピレーションを得ている。例えば、短い言葉の中に深い意味や風情を込める俳句だ。その簡潔さと優雅さは日本のデザインに通じるものがある。松尾芭蕉は代表的な俳人であり、その作品は今でも愛され続けている。彼の句からは日本人の自然に対する愛と畏敬の念を感じられる。

素材の個性を尊重し、個々の良さを活かしつつ、多様な自然素材と調和させ、シンプルで簡素な美意識を表現する。多くの人々にとって、日本のデザインは、このような自然の美しさと尊さを再発見するきっかけにもなったのではないだろうか。

現代人の心は、物質的な豊かさだけでは満たされない。侘びや寂びは、物質的な豊かさとは反対に、精神的な豊かさを求める。質素なものの中に奥深さや自然の「趣」を感じるのが日本の美意識である。それは、ものや機能が増えるばかりで過剰消費が問題視される現代社会において、新たな価値観を提案している。そのシンプルで機能的なデザインが、精神的な充実感を追求する人の心をつかんだのだろう。日本のデザインは、持続可能で心地よい暮らしを目指す人々にとって、魅力的な選択肢となっている。

语法说明 2

1. ～つつ（も）

素材の個性を尊重し、個々の良さを活かしつつ、多様な自然素材と調和させ、シンプルで簡素な美意識を表現する。

（在保留材料特性的同时也发挥它的优势，使其和天然的素材相融合，展现出简单朴素的美感。）

接续：　动词~~ます~~形＋つつ（も）

用法：　① 表示“两个动作同时发生”，意思是“一边……一边……”。

② 表示转折，意思是“虽然……但是……”。

例句：　① 健康に良くないと知りつつ、夜更かしをしてしまう。/ 明知对健康不好，还是会熬夜。

② 今は働きつつ、独学で日本語を勉強している。/ 我现在一边工作一边自学日语。

③ 普通がいいと言いつつも、今のような生活じゃ物足りない。/ 虽然说平淡为好，但现在这样的生活总让人觉得不满足。

2. ～だけでは

現代人の心は、物質的な豊かさだけでは満たされない。

（单单物质上的富足是无法满足现代人的心灵的。）

接续： 名词 + だけでは

动词 / イ形容词的简体形 + だけでは

ナ形容词词干 + な + だけでは

用法： 表示“只有前项的话是无法达成后项结果的”。

例句：

① 技術力だけでは、IT 業界で生き残れない。/ 只靠技术能力的话在 IT 界很难生存下去。

② ただ暗記するだけでは、今後の学習に応用できない。/ 只是死记硬背的话，无法应用到今后的学习当中去。

③ 安いだけでは商品を買う理由にならない。/ 只是便宜的话并不能成为购买某商品的理由。

④ 顔がきれいなだけでは好きにならないよ。/ 不会只是因为漂亮就喜欢上一个人。

3. ～と（は）反対に

侘びや寂びは、物質的な豊かさとは反対に、精神的な豊かさを求める。

（不同于物质上的富足，侘寂这种日式美学追求的是精神上的富足。）

接续： 名词 + と（は）反对に

动词 / イ形容词的简体形 + の + と（は）反対に

ナ形容词词干 + な + の + と（は）反対に

用法： 表示“比较两个相对立的事物”，意思是“与……相反”。

例句：

① 努力家の兄と反対に、妹は遊びがすきだ。/ 和努力的哥哥不同，妹妹比较贪玩。

② 予想していたのとは反対に、新商品は全然売れない。/ 与预想的相反，新产品完全卖不出去。

③ 田舎暮らしは寂しいのとは反対に、都会の生活は賑やかで楽しい。/ 和寂寞的农村生活不同，都市生活热闹有趣。

④ 弟は几帳面なのと反対に、姉は細かいことを気にしないタイプだ。/ 和一丝不苟的弟弟不同，姐姐是大大咧咧、不拘小节的性格。

4. ～ばかりだ

それは、ものや機能が増えるばかりで過剰消費が問題視される現代社会において、新たな価値観を提案している。

（在当今社会，物质和功能的数量与日俱增，过度消费成为问题。侘寂之美向我们提出了一种新的价值观。）

接续： 动词基本形＋ばかりだ

用法： 表示“事物不断朝着某方向发展”。多指消极变化，意思是“越来越……”。

例句：

① 不景気のせいで、給料は下がるばかりだ。/ 由于经济不景气，工资越来越低。

② 今年に入ってから、仕事は忙しくなるばかりだ。/ 今年以来工作越来越忙。

词汇 2

省く（はぶく）②	【他动 1】	精简；节省	N2
無駄（むだ）⓪	【名】【ナ形】	徒劳，无用；浪费，白费	N2
満たす（みたす）②	【他动 1】	弄满，充满；满足	N2
追求（ついきゅう）⓪	【名】【他动 3】	追求	N2
洗練（せんれん）⓪	【名】【他动 3】	精炼，千锤百炼；考究	N2
優雅（ゆうが）①	【名】【ナ形】	优雅，文雅	N2
創造（そうぞう）⓪	【名】【他动 3】	创造	N2
愛（あい）①	【名】【他动 3】	爱，爱情；友爱；恩爱；熱愛	N4
持続（じぞく）⓪	【名】【自他动 3】	持续	N2
持続可能（じぞくかのう）⓪	【ナ形】	可持续发展的	*
可能（かのう）⓪	【ナ形】	可能的	N3
貧しい（まずしい）③	【イ形】	贫穷的；穷苦的；贫乏的	N2
奥深い（おくぶかい）④	【イ形】	深邃，深奥	N1
心地よい（ここちよい）④	【イ形】	愉快，爽快，舒服，惬意	N2
簡潔（かんけつ）⓪	【名】【ナ形】	简洁	N2
質素（しっそ）①	【名】【ナ形】	简陋；简朴；简单	N2
簡素（かんそ）①	【ナ形】	简朴，朴素	N2
物質的（ぶっしつてき）⓪	【ナ形】	物质上的	N2
精神（せいしん）①	【名】	精神；思想	N2
これら②	【代】	这些	N4
趣（おもむき）⓪	【名】	旨趣；风趣，韵味；内容	N2
風情（ふぜい）①	【名】	风采；风情；意趣	N1
ライフスタイル⑤	【名】	生活方式	N2
インスピレーション⑤	【名】	灵感	N1
俳句（はいく）⓪	【名】	俳句，俳诗	N2
俳人（はいじん）⓪	【名】	俳句诗人	N1
畏敬（いけい）⓪	【名】【他动 3】	敬畏	N2
グラフィックデザイナー⑦	【名】	平面设计师	N2
念（ねん）⓪①	【名】	念头，心情；挂念，留心	N2

選択肢（せんたくし）④	【名】	选项	N2
独学（どくがく）⓪	【名】【他动 3】	自学	N2
学習（がくしゅう）⓪	【名】【他动 3】	学习	N3
不景気（ふけいき）②	【名】【ナ形】	不景气；（经济）低迷	N2
物足りない（ものたりない）⓪⑤	【イ形】	不令人十分满意，不十全十美	N1
几帳面（きちょうめん）④⓪	【名】【ナ形】	规规矩矩，一丝不苟；严格，周到	N2
技術力（ぎじゅつりょく）③	【名】	技术能力	·
努力家（どりょくか）⓪	【名】	很努力的人	N3
暮らし（くらし）⓪	【名】	生活，生计	N3

练习

一、读写

1. 根据汉字写出假名。

❶雑貨　❷全般　❸一見　❹素朴　❺機能性

（　　）（　　）（　　）（　　）（　　）

❻軽量　❼新色　❽風情　❾畏敬　❿几帳面

（　　）（　　）（　　）（　　）（　　）

2. 根据假名写出汉字。

❶そざい　❷ほんらい　❸てんねん　❹おうぼ　❺せいかつおん

（　　）（　　）（　　）（　　）（　　）

❻しちゃく　❼はぶく　❽せんれん　❾かんけつ　❿ゆうが

（　　）（　　）（　　）（　　）（　　）

二、单项选择

从 1、2、3、4 中选出填入（　）内的最佳选项。

1. 「素晴(すば)らしい結婚式(けっこんしき)ですね。花子(はなこ)さんは綺麗(きれい)な花嫁(はなよめ)ですね」

「ええ。（　）太郎(たろう)くんと花子(はなこ)さんはどう知(し)り合(あ)ったんですか」

1. ところで　2. ところが　3. ところに　4. ところを

2. この問題は（　　）簡単そうに見えるかもしれないが、実はとても難しい。

1. いまでも　　2. まさか　　3. てっきり　　4. いっけん

3. 大学に通いながら（　　）をするのは大変だけど、非常に勉強になる。

1. ファン　　2. ショップ　　3. ナチュラル　　4. インターン

4. A 社が（　　）開発した世界最速のエレベーターが、北京の高層ビルに実際に使用されている。

1. ゆたかに　　2. あらたに　　3. まさかに　　4. さすがに

5. 彼は医者を（　　）て医大に通っている。

1. 目指し　　2. 目覚め　　3. 目立っ　　4. 目にし

6. 酒は好きだが、毎日飲まないではいられないという（　　）ではない。

1. もの　　2. ほど　　3. こと　　4. ところ

7. 「健康のために働きすぎはよくないよ」と（　　）、彼女は決して休みを取らない。

1. 言う通りに　　2. 言いつつあり　　3. 言う以上　　4. 言いつつも

8. この人はもう信じると一度（　　）、もう迷わないで最後まで味方になろう。

1. 決めたせいで　　2. 決めた一方で

3. 決めたからには　　4. 決めるのはもちろん

9. これはただ（　　）問題じゃない。

1. 謝るだけで済む　　2. 謝る上での

3. 謝る甲斐がある　　4. 謝ればよかった

10. コンピューターが導入されてからも、仕事は（　　）ちっとも楽にならない。

1. 増えるばかりで　　2. 増えるだけでなく

3. 増えたばかりで　　4. 増えるだけでは

三、组词成句　**从 1、2、3、4 中选出填入__*__的最佳选项。**

1. （　　）トマトは______ ______、___*___ ______普通に食べます。

1. 出されたら　　2. 好き

3. 料理で　　4. というほどではないけど

2. （　　）タクシーを降り______ ______、___*___ ______

気がついた。

1. ようとした　2. ことに　3. 時　4. 財布がない

3. (　　)たばこは体に悪い________ ________、___*___ ________。

1. つい　2. と知り　3. つつも　4. 吸ってしまう

4. (　　) 豊かな人間関係の中にいると気持ちも明るくなっていくが、________ ________、___*___ ________の中にいると暗くなっていくものだ。

1. 人間関係　2. それ　3. 閉じた　4. とは反対に

5. (　　)このグラフを見て分かるように、今年になって________、________ ___*___ ________。

1. 売り上げは　2. 以来　3. ばかりだ　4. 下がる

四、汉译日

1. **到了8月，天气越来越热。**（～ばかりだ）

____。

2. **与我想象的不同，新上司是个非常热情的人。**（～とは反対に）

____。

3. **到外国光看风景太没意思了。我要是旅行，就想和当地的人接触一下。**（～だけでは）

____。

五、听力

1. **听录音，写出括号中空缺的单词。**

(1) 少し（　　　）から、あそこの喫茶店で（　　　）しよう。

(2) この商品は、（　　　）素材を使っているから、高い（　　　）で売られている。

(3) この会社は採用する際に、（　　　）より人柄を（　　　）している。

(4) 日本の（　　　）と（　　　）に興味があります。

(5) 短い（　　　）には深い（　　　）がある。

2. **听录音，从1、2、3、4中选出正确选项。**

1. 作品の解説文をあらかじめ読んでから鑑賞する

2. 自分の感性で鑑賞する

3. 解説者の評価と自分の評価の違いを楽しみながら鑑賞する

4. 作品の印象や感動を他の人と共有しながら鑑賞する

3. 听录音，从 1、2、3、4 中选出正确选项。

1. 仕事が忙しかったら、個性を出すのは難しい

2. 好きなことならいつも同じものを作っても、ストレスを感じることはない

3. 無理をすれば、個性を出せる

4. 人間そのものが個性である

词汇 3

もたらす③	【他动 1】	带来；招致	N2
触れ合う（ふれあう）③	【自动 1】	互相接触，碰到一起	N2
鑑賞（かんしょう）⓪	【名】【他动 3】	鉴赏，欣赏	N2
展示（てんじ）⓪	【名】【他动 3】	展示，陈列	N2
区別（くべつ）①	【名】【他动 3】	区别，区分	N2
開催（かいさい）⓪	【名】【他动 3】	召开，举办	N2
予め（あらかじめ）⓪	【副】	预先，事前	N2
生きがい（いきがい）⓪	【名】	人生价值，生存意义	N2
プレート⓪	【名】	牌，板	N2
学歴（がくれき）⓪	【名】	学历	N2
ニーズ①	【名】	需求	N2
ピクトグラム④	【名】	象形图	·
マーク①	【名】	记号，标记	N3
解説文（かいせつぶん）④	【名】	解说文，说明文	·
欠点（けってん）③	【名】	缺点	N3

日本在设计方面注重实用性，追求简朴的自然美。请介绍让你印象最深刻的日本设计案例。以下是金敏惠的作文。

日本のデザインに対する印象

日本のデザインは、シンプルで機能的という印象があります。その中でも特に印象に残っているのが、日本人デザイナーがデザインしたトイレのマークです。

1964 年の東京オリンピックの際、多くの外国人観光客に分かりやすく伝えるために、日本のデザイナーが世界で初めて男女のトイレを区別するための小さな男女の人物の絵を使ったトイレマークを作った。それは、現在では世界中で使われている。デザインの力で、言葉の壁を破ったのだ。オリンピック開催後、トイレのマークだけでなく、さまざまなピクトグラムが世界各地で生まれた。

派手なデザインよりも、人々が求めるニーズに一生懸命こたえる設計が、最終的に美しさを生み出すのである。(295)

日本美学与平面设计

日本美学文化在长期的形成过程中不仅具有静、虚、空灵等传统的东方韵味，还具有西方实用的特征，以及爱好优雅、纯洁的特征。

日本自然美学观念中，常常通过图像阐释对自然之中稍纵即逝的、纯洁的、伤感的事物的喜爱，常见对残月、落花、枯枝、红叶、衰草等事物的描写。在平面设计中，则表现为一种图像简单、不完整、破损和以物寓意的设计风格。他们普遍认为，“简单的优于复杂的，幽静的优于喧闹的，轻巧的优于笨重的，稀疏的优于繁杂的”。日本的平面设计推崇少而简约的风格，推崇素色，排斥俗艳，讲究简单、朴素、风雅、古色古香和留白。如同品茗，让人感受到心平气和、参禅悟道般的静心。

持続可能な地球環境のために

（唐琦琦和金惠敏讨论实习和未来的职业规划）

唐琦琦：　金さん、さっきから５分おきに携帯見てない？どうしたの？

金敏恵：　琦琦さんは夏休みのインターン、決まったんだよね。羨ましいな。実は、私も今日から選考の結果が出はじめるの。早く採用のメールが来ないかな。

唐琦琦：　あ、だからさっきからメールをチェックしていたんだ。金さんはどこに応募した？洋服のデザイン関係？

金敏恵：　うん。アパレル関係のインターン、片っ端から全部応募したよ。

唐琦琦：　すごい。きっとうまくいくよ。ところで、受かったら、そのまま就職するの？

金敏恵：　受かるかどうか分からないけど、ファッションが大好きだから、卒業したら、ファッションデザインの専門学校に行って、洋服やアクセサリーのデザインを勉強しようと思っているの。

唐琦琦：　金さんは確かファッションデザイナーになるのが夢だもんね。

金敏恵：　うん。お洒落をすると、人も町も元気になるからね。デザイナーになれるかどうかにこだわって迷っていても始まらない。困難を恐れず、若いうちはとにかく好きなことを思いきり勉強してみようと思って。

唐琦琦：　勇気をもって夢を追うって素敵！

金敏恵：　勇気だけじゃ夢は追えないけどね。専門学校の学費は 100 万円もするのよ。だから、バイトも頑張らないと。

唐琦琦：　きっとうまくいくよ。一緒に頑張ろう。

语法说明 1

1. ～おきに

金さん、さっきから 5 分おきに携帯見てない？

（小金，你怎么从刚才开始每隔 5 分钟就看一下手机呀？）

接续：　数量词 + おきに

用法：　表示时间或距离的间隔，意思是“每隔……”。

例句：

① 最近ミルクティーはとても人気で、どこの商店街においても、5 軒おきぐらいにミルクティーのお店がある。/ 最近奶茶很流行，不管哪条商业街都几乎每隔 5 家店就有家奶茶店。

② 試合の準備のために、1 日おきにボクシングの練習をしている。/ 为了准备比赛，我每隔一天就练一次拳击。

2. ～ないかな

早く採用のメールが来ないかな。

（真希望通知录取的邮件能快点来啊。）

接续：　动词ない形＋ないかな

用法：　表示说话人的希望或愿望，意思是“多希望……啊”“要是……就好了”。

例句：　① ちょっと静かにしてくれないかな。/ 能不能稍微安静点啊。

② この雨、早く止まないかな。/ 真希望这雨快点停啊。

3. ～ても始まらない

デザイナーになれるかどうかにこだわって迷っていても始まらない。

（纠结于能不能成为设计师而犹豫不决也没用。）

接续：　动词て形＋も始まらない

用法：　表示“即使做出前项的动作也无济于事”，意思是“即使……也没用”。

例句：　① 一人で悩んでいても始まらない。先に突き進むしかない。/ 一个人发愁也无济于事，只能向前冲。

② 今更そんなことを話しても始まらない。/ 现在再说这些话也没用。

4. ～うちは / ないうちに

若いうちはとにかく好きなことを思いっきり勉強してみようと思って。

（我想趁着年轻好好地学习自己喜欢的东西。）

接续： 名词＋の＋うちは

动词 / イ形容词的简体形＋うちは

ナ形容词词干＋な＋うちは

动词ない形＋ないうちに

用法： ① 表示"在前项的时间段，一直做后项的事或一直处于后项的状态"，意思是 "在……的期间"。

② 表示 "趁着前项还未发生，先做后项的事"，意思是 "趁着没有……"。

例句： ① 学生のうちは夏休みを思う存分楽しもう。/ 学生时代就要尽情享受暑假。

② 留学しているうちは海外でいろんなことを経験したほうがいい。/ 留学期间最好在国外积累各种各样的经验。

③ 若いうちは苦労しておくべきだ。/ 年轻时应该多吃苦。

④ 元気なうちは老人ホームのことを全然考えなかった。/ 身体还健康的时候完全没关注过养老院。

⑤ 冷めないうちに食べてください。/ 请趁热吃。

5. ～（は）する / （も）する

専門学校の学費は 100 万円もするのよ。

（职业学校的学费要 100 万日元呢。）

接续： 数量词＋（は）する / （も）する

用法： 表示需要花费的时间或费用，意思是 "要用……"。

例句： ① 毎日の通勤時間は片道で 2 時間もするから大変だ。/ 每天通勤单程就得 2 小时，太辛苦了。

② あの自転車は少なくとも 2 万円はするよ。/ 那辆自行车至少要 2 万日元呢。

词汇 1

追う（おう）⓪	【他动 1】	追赶；追求；驱逐	N2
学費（がくひ）⓪	【名】	学费	N4
拘る（こだわる）③	【自动 1】	拘泥于	N2
ファッション①	【名】	流行；时尚	N3
お洒落（おしゃれ）②	【名】【ナ形】	好打扮，时髦	N3
恐れる（おそれる）③	【自动 2】	害怕；担心	N2
突き進む（つきすすむ）④	【自动 1】	勇往直前，猛冲	N1
思いきり（おもいきり）⓪	【名】【副】	死心；痛快地，尽情地	N2
選考（せんこう）⓪	【名】【他动 3】	选拔，遴选	N2
採用（さいよう）⓪	【名】【他动 3】	采用；任用	N2
存分（ぞんぶん）⓪③	【名】【ナ形】	尽量，充分	N2
片っ端から（かたっぱしから）⓪	【副】	依次，逐一	*
うまい②	【イ形】	顺利；擅长；美味	*
今更（いまさら）⓪	【副】	事到如今，现在才	N2
ミルクティー④	【名】	奶茶	*
ボクシング①	【名】	拳击	N3
老人ホーム（ろうじんホーム）⑤	【名】	养老院	*
アパレル⓪①	【名】	衣服，服装	N2
片道（かたみち）⓪	【名】	单程	N3
勇気（ゆうき）①	【名】	勇气	N2
軒（けん）①	【助数】	家，栋	N2

持続可能な地球環境のために

皆さんのクローゼットには眠っている服がたくさんあるのではないか。

なぜなら、誰でもサイズが合わなくなったり、好みや流行が変わったりして、もう着なくなったものが少なからずあると思うからだ。

昔はサイズが合わなくなった服を兄弟や親戚にあげることが普通だった。しかし、今は流行遅れのものは、家族や親戚にあげたくても誰も欲しがらなくなった。何しろ、生活が豊かになってきたからだ。放っておくとクローゼットはいっぱいになるが、捨てるのももったいない。「初めて自分で買った服だな」「この色気に入って買ったんだよな」など、思い出が詰まっているので、余計捨てづらいと感じてしまうのだ。こう考えているうちに、着ない服がどんどん増えてしまうのだ。

しかし、悩むにはまだ早い。日本ではこんな人向けに、あるサービスが生まれたのだ。着なくなった服を衣料品メーカーに持っていくと、その店で使えるクーポン券をくれるのだ。こうすることで、家の中も片付いて、気持ちがすっきりするし、クーポン券で新しい服も安く買える。

他にも、着なくなった服を古着として売っている店もあるし、雑巾や掃除用ウエスにして家事に活用する人もいる。そして最近、古い服から「新しい糸」を作る技術が開発された。この糸を使って、最新のデザインの服に生まれ変わらせるのだ。資源を節約するだけでなく、効率的に再利用していく。この技術のおかげで、古いものからそれより価値の高いものを作り出すことが可能になったのである。そして、これこそが環境への負担を軽くし、持続可能な世界へ大きな一歩となったのではないだろうか。自分の古い服から新しい流行の服が生まれるかもしれないと考えて、クローゼットの服と真剣に向き合ってみるのも悪くないだろう。

语法说明 2

1. なぜなら～からだ

なぜなら、誰でもサイズが合わなくなったり、好みや流行が変わったりして、もう着なくなったものが少なからずあると思うからだ。

（之所以这么说，是因为我想谁都会有那种因为尺寸不合身了，或者自己的喜好、流行趋势发生变化而不再穿了的衣服。）

接续： 表示结果的前项。なぜなら（ば）/ なぜかというと / どうしてかというと + 原因 + からだ

用法： 表示原因或根据。"之所以说前面的结论，是因为后面的原因或者根据"。意思是"因为……"。

例句：

① 彼は今日来ないと思う。なぜなら彼は病気で病院に行ったからだ。/ 我觉得他今天不会来，因为他生病去医院了。

② 一人で行かないほうがいい。なぜかというと、この辺りは危ないからだ。/ 你最好不要一个人去，因为这一带很危险。

③ 行きたいけど行けない。どうしてかというと、お金がないからだ。/ 我想去但是不能去。因为没有钱。

2. ～がる

しかし、今は流行遅れのものは、家族や親戚にあげたくても誰も欲しがらなくなった。

（但是，现在过时的衣服即便是想给家人或者亲戚穿，也没人想要。）

接续： 形容词词干 + がる / がっている

用法： 接在表示感情、感觉的形容词词干的后面，一般用于第三人称作主语的句中。意思是“感到……”“觉得……”。

例句：

① 妻(つま)は今(いま)より大(おお)きい家(いえ)を欲(ほ)しがっている。/ 我妻子想要个比现在更大的房子。

② 彼女(かのじょ)は人前(ひとまえ)で話(はな)すと恥(は)ずかしがる。/ 她一在人前说话就害羞。

3. なにしろ～から / ので

何(なに)しろ、生活(せいかつ)が豊(ゆた)かになってきたからだ。

（毕竟现在大家的生活都富裕起来了。）

接续： なにしろ + 动词 / 形容词简体形 + から / ので

なにしろ + 名词 / 形容词词干 + だから / なので

用法： 用于强调理由或原因。「なにしろ」是副词，意思是“无论怎么说”，与后项「から」「ので」等提示原因的助词搭配，加强语气。除此之外，其后项也可以不与「から」「ので」搭配，表示“单纯的强调”。意思是“因为……”“总之……”。

例句：

① なにしろまだ子(こ)どもだから、外(そと)で自由(じゆう)に遊(あそ)ばせることも大事(だいじ)だよ。/ 无论怎么说他还是个孩子，让他在外面自由玩耍也是很重要的。

② なにしろ上海(シャンハイ)は大都会(だいとかい)なので、物価(ぶっか)は故郷(こきょう)よりずっと高(たか)いです。/ 毕竟上海是大城市，物价比老家要高多了。

③ この店(みせ)の料理(りょうり)はおいしいし、なにしろサービスがよい。/ 这个店的饭菜很好吃，不管怎样，总之服务很好。

4. ～向けだ / 向けに / 向けの

日本ではこんな人向けに、あるサービスが生まれたのだ。

（在日本，专门为了这类人定制了一种服务。）

接续： 名词 + 向けだ / 向けに / 向けの

用法： 表示“主动为某类人群做某事”，意思是“向 / 面向……”“以……为对象”“针对……”。

例句：

① 女性向けに、使いやすい家事道具が開発された。/ 为女性打造了便利的家务用具。

② この本は日本語初心者向けに、やさしい言葉で書かれた。/ 这本书的目标用户是日语初学者，用词简单易懂。

③ これは子ども向けの本ですけど、大人が読めないことはない。/ 这本书虽然是面向小孩子的，但是大人也不是不能看。

④ この講義は就職の情報が多いので、卒業生向けだ。/ 这个讲座有很多就业相关的信息，所以是面向毕业生的。

★拓展

接续： 名词 + 向きだ / 向きに / 向きの

用法： 表示“适合某对象，或适用于某场景”，意思是“适合……”。

例句：

① 彼は好奇心が強くて、研究者向きです。/ 他好奇心很强，很适合做研究。

② これはお年寄り向きに作ったデザートで、さっぱりしている。/ 这是为适合老年人口味做的甜点，口感很清爽。

③ こちらは初心者向きの多肉植物で、育て方は簡単ですよ。/ 这是适合新手养的多肉植物，很好养。

5. ～になる / となる

そして、これこそが環境への負担を軽くし、持続可能な世界へ大きな一歩となったのではないだろうか。

（而且这样才能减轻环境的负担，向可持续发展的世界迈了一大步。）

接续： 名词 + になる / となる

ナ形容词词干 + になる / となる

动词基本形 + ことになる

イ形容词词干 + くなる

用法： 表示“变为某一状态、性质”或“组织、团体的决定”。「になる」常用于口语中；「となる」比较生硬，常用于正式场合。另外，表示自然变化的时候不能用「となる」。

例句： ① 本日は臨時閉店することとなった。/ 今天临时闭店。

② キャンセル料は、ご利用日の 5 日前までは無料、当日 100% となります。/ 取消预订的话，提前 5 天是不扣费的，如果是当天取消的话需要扣除 100% 的费用。

词汇 2

欲しがる（ほしがる）③	【他动 1】	希望得到，想要	・
放る（ほうる）⓪	【他动 1】	置之不顾，不理睬	N2
片付く（かたづく）③	【自动 1】	整理好，收拾整齐	N3
向き合う（むきあう）③	【自动 1】	相对，相向	・
節約（せつやく）⓪	【名】【他动 3】	节约	N2
余計（よけい）⓪	【名】【ナ形】	更多，更加；格外	N2
好み（このみ）①③	【名】	喜好，爱好；口味	N2
遅れ（おくれ）⓪	【名】	落后；晚	N2
少なからず（すくなからず）④	【副】	很多，不少	N3
何しろ（なにしろ）①	【副】	毕竟，到底	N2

～づらい	【接尾】	难以……	*
一歩（いっぽ）①	【名】【副】	一步；一点点	N2
クローゼット②	【名】	壁橱	*
衣料品（いりょうひん）⓪②	【名】	服装	*
クーポン券（けん）③	【名】	优惠券	*
古着（ふるぎ）⓪③	【名】	旧衣服	N2
雑巾（ぞうきん）⓪	【名】	抹布	N2
ウエス②	【名】	抹布	N2
糸（いと）①	【名】	线，丝线	N2
効率（こうりつ）⓪	【名】	效率	N2
思い出（おもいで）⓪	【名】	回忆，追忆	N3
危ない（あぶない）③⓪	【イ形】	危险	N4
恥ずかしい（はずかしい）④	【イ形】	害羞，不好意思；难为情	N4
好奇心（こうきしん）③	【名】	好奇心	N2
研究者（けんきゅうしゃ）③	【名】	研究者，研究人员	*
多肉植物（たにくしょくぶつ）⑤	【名】	多肉植物	*

练习

一、读写

1. 根据汉字写出假名。

❶採用	❷存分	❸古着	❹雑巾	❺糸
（　　　）	（　　　）	（　　　）	（　　　）	（　　　）
❻遅れ	❼老人	❽片道	❾好み	❿放る
（　　　）	（　　　）	（　　　）	（　　　）	（　　　）

2. 根据假名写出汉字。

❶せつやく	❷こうりつ	❸よけい	❹ふたん	❺こうきしん
（　　　）	（　　　）	（　　　）	（　　　）	（　　　）

❻いまさら　❼がくひ　❽ゆうき　❾こだわる　❿せんこう

（　　　）（　　　）（　　　）（　　　）（　　　）

二、单项选择　从1、2、3、4中选出填入（　　）内的最佳选项。

1. 志望する大学に（　　）ように一生懸命頑張るつもりだ。

1. まよう　2. おう　3. うかる　4. おちる

2. 「昨日はパーティーで何をしましたか」

「（　　）、行きませんでした」

1. じつは　2. なにしろ　3. というわけで　4. きっと

3. 彼のすることがすべて思いどおりに（　　）。

1. いかなかった　2. しなかった　3. こなかった　4. やらなかった

4. その新しい（　　）が流行した時、長続きするという感じはしなかった。

1. ファッション　2. バイト　3. アイロン　4. ヒット

5. 各分野で活躍している若者の姿を見て、この世の中はまだ（　　）ものではないと感じた。

1. 渡った　2. 決まった　3. 捨てた　4. 追った

6. 道路には10メートル（　　）木が植えられている。

1. ごとに　2. むきに　3. むけに　4. おきに

7. 今回は負けたけど、次は絶対に勝って（　　）よ。

1. みる　2. みせる　3. しまう　4. おく

8. 若い（　　）色々新しいことにチャレンジしたい。

1. うちに　2. 中に　3. うちで　4. 中で

9. このマンションは、いくら安いと言っても、3000万円（　　）するだろう。

1. で　2. も　3. は　4. に

10. これは子ども（　　）書かれた本だが、大人が読んでも面白い。

1. 向きに　2. 向けに

3. をはじめとして　4. をきっかけとして

三、组词成句　从1、2、3、4中选出填入＿＊＿的最佳选项。

1. （　　）この薬は、＿＿＿＿ ＿＿＿＿、＿＿＊＿＿ ＿＿＿＿飲み

なさい。

1. 3時間　　2. 温かい　　3. おきに　　4. お湯で

2. （　　）________ ________ ___*___ ________、次のことを考えよう。

1. 後悔しても　　2. 今更　　3. し　　4. 始まらない

3. （　　）あの人の話は________、________ ___*___ ________、いつも眠くなります。

1. ている　　2. 聞い　　3. 退屈で　　4. うちに

4. （　　）子どもの________ ________ ___*___ ________をしてはいけない。

1. 大人向け　　2. 質問に　　3. の　　4. 答え方

5. （　　）来週、国に帰る予定です。________、________ ___*___ ________からです。

1. 出席する　　2. に

3. なぜなら　　4. 親友の結婚式

四、汉译日

1. **都已经是过去的事了，后悔也没用。**（～でも始まらない）

____。

2. **冷了就不好吃了，请快趁热吃吧。**（～うちに）

____。

3. **报考大学的录取通知怎么还不来呀。**（～かな）

____。

五、听力

1. **听录音，写出括号中空缺的单词。**

(1) どんな時でも（　　　）ず（　　　）を持って前へ進もう。

(2) 彼は（　　　）を（　　　）にしている。

(3) このデザイナーの（　　　）には、（　　　）の実態を反映できるものがある。

(4) 京都の町を歩くと、（　　　）を着ている人の（　　　）がよく見られる。

(5) この（　　　）は、先月から（　　　）が始まった。

2. 听录音，从 1、2、3、4 中选出正确选项。

1. ファッション雑誌を読むのが好きだから
2. ファッション業界はお金を稼げるから
3. ファッションを通して個性を活かしたいから
4. 今までのファッション業界を変えたいから

3. 听录音，从 1、2、3、4 中选出正确选项。

1. 昔の人々も意図的に追い求めたもの
2. 複雑さとの対比によって捉えられた見方
3. 150 年ぐらい前に作られた複雑なデザイン
4. 複雑なデザインより進んだ考え方

词汇 3

通知（つうち）⓪	【名】【他动 3】	通知	N2
アピール②	【名】【自他动 3】	呼吁；吸引	N2
すっきり③	【副】【自动 3】	舒畅，痛快	N2
せいぜい①	【副】	最多，至多	N2
対照的（たいしょうてき）⓪	【ナ形】	对比鲜明，截然不同	N2
意図的（いとてき）⓪	【ナ形】	有意图的	·
自己（じこ）①	【名】	自我，自己	N2
肯定感（こうていかん）③	【名】	认同感	·
トレンド⓪②	【名】	动向，趋势	·
持ち主（もちぬし）②	【名】	所有人，物主	N2

你如何看待时尚和个性的关系？请写一篇短文谈谈自己的想法。以下是金敏惠在课堂上的发言。

ファッションと個性について

ファッションは個性の表現手段です。私たちは自分らしさを表現するために、独自のスタイルや好みを持った服やアクセサリーを選びます。個性的なファッションは、他のだれとも違った自己をアピールする機会なのです。流行やトレンドを参考にしながら、自分の好きなスタイルを追求することで、自己肯定感や創造性を高めることができます。また、個性的なファッションは、他人との交流やつながりを生み出し、お互いに刺激やインスピレーションを与え合う場も作り出してくれます。自分自身を信じて自由にファッションを楽しむことが大切だと思います。個性的なファッションは、私たちが独自のアイデンティティを持ち、自分自身を表現するための貴重な手段だと思います。(309)

专栏

日本百年时尚回眸

在过去的近 100 年里，日本的主流时尚经历了许多变化。

20 世纪 20—30 年代，在大正和昭和初期，日本的时尚受到了西方的影响。女性开始穿着短裙和西式套装，并使用有透明感的材料；男性则开始接受西装领带成为标准服饰。60—70 年代，年轻人开始追求更自由、前卫和个性化的时尚风格，迷你裙和牛仔时尚大行其道。日本的街头时尚和青年文化开始吸引国际关注。80—90 年代是日本经济繁荣和消费主义的高峰期，人们开始崇尚奢华和张扬的时尚，追逐高档品牌和奢侈品。进入 21 世纪后，年轻人的时尚兴趣集中在街头文化和个人风格上。同时，人们重新发现并认可传统元素的价值，和服、日本传统工艺再次受到关注。

总的来说，在过去的近百年间，日本的主流时尚以一种带有独特性和创造性的方式在西方的影响中发展起来。日本独特的文化、艺术和创造力影响着时尚界，并继续推动着时尚的发展和变化。

第十一課 ドラマが描いた現代の生きづらさ

（同学们好奇唐琦琦学习日语的诀窍）

青木裕太：　前から聞こうと思っていたんだけど、琦琦さんはどうして日本語がそんなに上手なの？

佐々木玲子：そうね。文法もしっかりしているし、語彙も豊富で、会話もペラペラで、話し方が上品で。外国人でこれほどまでに上達できるのは、初級者ではもちろん、中級者でも、上級者でも珍しいよ。

唐琦琦：　青木さんも、佐々木さんもほめ過ぎ。そんな、ぜんぜん上手なんかじゃないよ。

金敏恵：　琦琦さんったら、またすぐ謙遜しちゃって。なにか特別な勉強法があるの？教えて。

唐琦琦：　特別かどうかは分からないけど、以前から日本のドラマが大好きでたくさん見ているからかもしれない。

金敏恵：　へえ。ドラマなら私もいっぱい見ているけど、全然日本語が上手にならないよ。

唐琦琦：　ドラマを見るついでだけど、ただ見ているのではなくて、見ながら、シャドーイングしたり、好きなセリフを暗唱したりして……。

金敏恵：　へえ、すごい。ドラマを見ながら、シャドーイングをしていたのか。琦琦さんに早く学習方法を聞いておけばよかった。

ロブ：　早く聞いたってしかたがないよ。金さんはドラマを見ながら、セリフを暗唱したりすることができるの？

金敏恵：　ロブ君ったら、またすぐ人のことをからかっちゃって！

佐々木玲子：シャドーイングしたり、セリフを暗唱したりするなんて、本当にすごい。確かに文字よりも音声による刺激のほうが上達を促すらしいね。

青木裕太：　ところで、琦琦さんは何のドラマを見てそんなに熱心に勉強していたの？

唐琦琦：　坂元裕二さんのドラマなの。シャドーイングや暗唱と言っても、絶妙なセリフを聞いたから、口に出してみただけだよ。金さんも興味があるなら、是非一度坂元裕二さんのドラマを見てごらん。

语法说明 1

1. ～たら / ったら

琦琦さんったら、またすぐ謙遜しちゃって。

（琦琦呀，你又马上谦虚起来了。）

接续： 名词 + たら / ったら

用法： 表示提起话题。多带有亲昵、不满、责难等语气。意思是“说到……”“我说……”。

例句：

① この子ったら、何度言えば分かるのよ。/ 这孩子，要说几遍你才懂呀。

② お父さんったら、お酒を飲むと話が長くなる。/ 爸爸真是的，一喝酒就变得话很多。

2. ～てもしかた（が）ない / てもしょうがない

早く聞いたってしかたがないよ。

（早点问了也没用啊。）

接续： 名词 + でもしかた（が）ない / でもしょうがない

动词 / イ形容词的て形 + もしかた（が）ない / もしょうがない

ナ形容词词干 + でもしかた（が）ない / でもしょうがない

用法： 表示“即使做了某事也无济于事”。「ても」可以转化为「たって」。意思是“即使……也没用”。

例句：

① 全然勉強していないから、不合格でもしかたがないよ。/ 完全没有好好学习，考不及格也没办法。

② もう決まったことだから、後悔してもしかたがないよ。/ 已经是决定好的事情，再后悔也没什么意义。

③ ダイエット食品だから、まずくてもしかたがない。/ 这是健身餐，难吃也没办法。

④ 安いから少し作りが雑でもしょうがない。/ 因为价格便宜，所以做工粗糙一些也没办法。

⑤ 将来のことを一一心配したってしょうがない。/ 总是担心将来的事情没有意义。

3. ～といっても

シャドーイングや暗唱と言っても、絶妙なセリフを聞いたから、口に出してみただけだよ。

（虽说我会影子跟读和背诵台词，但其实只是听到了好的台词所以忍不住想要说说看。）

接续： 名词＋（だ）＋といっても

动词 / イ形容词的简体形＋といっても

ナ形容词词干＋（だ）＋といっても

用法： 表示转折，意思是“虽说……”。

例句：

① 社長といっても、社員は 3 人だけだ。/ 虽说是社长，但员工也只有 3 个人。

② 日本語が話せるといっても、簡単な挨拶しかできない。/ 虽说会讲日语，但也只会些简单的寒暄问候。

③ 体調が悪いといっても、学校を休むほどじゃない。/ 虽说身体不大舒服，但也还没到要请假不上课的程度。

④ この商店街は賑やかだといっても、昔に比べて人が少なくなった。/ 这个商业街虽说热闹，但跟过去比起来人变少了。

4. ～てごらん

金(キム)さんも興味(きょうみ)があるなら、是非一度(ぜひいちど)坂元裕二(さかもとゆうじ)さんのドラマを見(み)てごらん。

（小金要是有兴趣的话，一定要看看坂本裕二的电视剧。）

接续： 动词て形 + ごらん

用法： 表示“说话人让别人尝试做某事”，意思是“请试试……”。

例句： ① 私(わたし)が作(つく)ったの。早(はや)く食(た)べてごらん。/ 我做的，快尝尝吧。

② どうしたいか言(い)ってごらん。/ 说吧，你想干什么。

词汇 1

出会う（であう）②	【自动 1】	遇见，碰见	N3
促す（うながす）③⓪	【他动 1】	催促，促使；推动	N1
揶揄う（からかう）③	【他动 1】	取笑，调侃，嘲弄	N2
暗唱（あんしょう）⓪	【名】【他动 3】	记住，背诵	N3
台詞（せりふ）⓪	【名】	台词	N3
上達（じょうたつ）⓪	【名】【自动 3】	进步，长进	N2
刺激（しげき）⓪	【名】【他动 3】	刺激；使兴奋	N2
後悔（こうかい）①	【名】【自动 3】	后悔	N2
絶妙（ぜつみょう）⓪	【名】【ナ形】	绝妙；恰到好处的	N1
雑（ざつ）⓪	【ナ形】	粗糙，草率	N2
ペラペラ⓪①	【副】【ナ形】	流利，流畅	N3
これほど⓪	【副】	这种程度，这样，这么	·
一一（いちいち）②	【名】【副】	一个一个，逐个；全部	N2
社長（しゃちょう）⓪	【名】	社长，总经理	N4
シャドーイング⓪	【名】【他动 3】	影子跟读	·
初級（しょきゅう）⓪	【名】	初级	N4
中級（ちゅうきゅう）⓪	【名】	中级	N3

上級（じょうきゅう）⓪	【名】	高级；上一级；高年级	N3
文字（もじ）①	【名】	字，文字	N3
音声（おんせい）①	【名】	声音	N1
文法（ぶんぽう）⓪	【名】	语法	N3
話し方（はなしかた）④⑤	【名】	说话技巧，说话方式	·
法（ほう）⓪	【名】	法；法律；方法	N2

ドラマが描いた現代の生きづらさ

日本のドラマは、医療、刑事、ミステリー、恋愛、歴史、法廷、政治、ホラー、ヒューマンなど、さまざまなジャンルがあり、日本社会の姿や日本人の心を鏡のように映し出している。その中で、人間描写が細かく、観る人を共感させ、心に残るストーリーを提供する脚本家がいる。

彼の名は坂元裕二である。

デビューして以来、彼は現代社会の「生きづらさ」に焦点をあて、『それでも生きてゆく』『マザー』『最高の離婚』『カルテット』など数々のオリジナル作品を世に出してきた。

現代に生きる人々は、人間関係や、自分自身のありかたについて、それぞれ悩まされている。坂元裕二は登場人物の生き方や葛藤を通じて、人々の内面を見つめ、描いている。

また、彼の作品の魅力として、スマートなセリフが挙げられる。登場人物たちの会話は、簡潔でありながら深みがある。観る人にかわって、現代の光と影、そこに生きる一人ひとりの「生きづらさ」を的確に表現し、心の中を代弁する。

坂元の作品では、「変わり者」や社会に馴染めないキャラクターが多く登場する。彼らは自分自身と向き合いながら、社会の中で生き抜こうとする。「自分自身のことを見ている」ような気がしてならないと共感する視聴者も少なくない。

作品の中には、海外でリメイクされているものもあり、「生きづらさ」の普遍性を示している。それでも他者と繋がり、自分の存在を確かめながら懸命に生きていくことは尊い、というメッセージを伝えている。

語法说明 2

1. ～て以来

デビューして以来、彼は現代社会の「生きづらさ」に焦点をあて、数々のオリジナル作品を世に出してきた。

（从出道以来，他把焦点放在现代社会的“人生不易”上，创作了许多原创作品。）

接续： 动词て形＋以来

用法： 表示“自从某事发生后直到现在”，意思是“自从……以来”。

例句：
① 卒業して以来一度も会っていない。/ 毕业后就一次都没见过。
② 入社して以来、定時に帰ったことはない。/ 自打进公司以来就没有准时下过班。

2. ～を通じて / を通して

坂元裕二は登場人物の生き方や葛藤を通じて、人々の内面を見つめ、描いている。

（坂本裕二通过剧中人物的人生和内心斗争，聚焦并展现人们的内心世界。）

接续： 名词＋を通じて / を通して

用法：
① 表示“贯穿某个期间”，意思是“……之中”。
② 表示媒介手段，意思是“通过……”。

例句：
① ここは一年を通じて暖かい。/ 这里一年都很暖和。
② その噂は佐藤さんを通じて聞いた。/ 这个八卦是从佐藤那里听来的。
③ 日本のドラマを通して、日本語を勉強する。/ 通过日剧学习日语。

3. ～にかわって / にかわり

観る人にかわって、現代の光と影、そこに生きる一人ひとりの「生きづらさ」を的確に表現し、心の中を代弁する。

（准确地表现出现代社会的光与影以及现代人生活的艰难，代替观众说出了心声。）

接续： 名词＋にかわって / にかわり

用法： 表示“代替前项做某事”，意思是“替……”。

例句：
① 李さんにかわり、私が会議に出席しました。/ 我代替小李出席了会议。
② 本人にかわって代理で手続きをすることは可能です。/ 可以代替本人来办理手续。

4. ～てならない

「自分自身(じぶんじしん)のことを見(み)ている」ような気(き)がしてならないと共感(きょうかん)する視聴者(しちょうしゃ)も少(すく)なくない。

（不少观众都表示感同身受，觉得像在看发生在自己身上的事一样。）

接续： 动词て形＋ならない

イ形容词て形＋ならない

ナ形容词词干＋でならない

用法： 表示“无法抑制地产生某种感情或感觉”，意思是“……得不得了”。

例句：

① そんな行為(こうい)は詐欺(さぎ)のように思(おも)えてならない。/ 我总觉得这种行为就是诈骗。

② 異国(いこく)での一人(ひとり)暮(ぐ)らしは寂(さび)しくてならない。/ 在国外的独居生活真是寂寞难耐。

③ 子(こ)どもと連絡(れんらく)が取(と)れず、心配(しんぱい)でならない。/ 联系不上孩子，我担心得不得了。

词汇 2

生き抜く（いきぬく）③⓪	【自动1】	活下去，生存下去	·
確かめる（たしかめる）④	【他动2】	弄清，调查，确认	N2
代弁（だいべん）⓪	【名】【他动3】	代理；代言，代辩	N2
伝わる（つたわる）⓪	【自动1】	传达	N2
デビュー①	【名】【自动3】	初次登台，初次亮相，出道	N2
描写（びょうしゃ）⓪	【名】【他动3】	描写；描述	N2
葛藤（かっとう）⓪	【名】	纠葛；心理矛盾	N2
代理（だいり）⓪	【名】【他动3】	代理	N2
オリジナル②	【名】【ナ形】	原创，原作；独创的，创新的	N2
スマート②	【ナ形】	机敏的，矫健的；时髦的，漂亮的	N2
リメイク②	【名】【他动3】	翻拍，重新制作	·

的確（てきかく）⓪	【ナ形】	正确，准确，恰当	N2
懸命（けんめい）⓪	【ナ形】	拼命，竭尽全力	N2
アジア①	【名】	亚洲	N4
疎外（そがい）⓪	【名】【他动3】	疏远，不理睬	*
詐欺（さぎ）①	【名】	诈骗	N2
定時（ていじ）①	【名】	正点，定时；准时，按时	N2
法廷（ほうてい）⓪	【名】	法庭	N2
医療（いりょう）⓪①	【名】	医疗	N2
刑事（けいじ）①	【名】	刑警	N2
影（かげ）①	【名】	影子；映像	N2
異国（いこく）⓪	【名】	异国他乡，外国	N2
他者（たしゃ）①	【名】	他人，别人	N2
ホラー①	【名】	恐怖	N3
ヒューマン①	【名】【ナ形】	有人性（的），人道（的）	N2
カルテット①	【名】	四重奏	*
キャラクター②	【名】	人物；性格	N2

练习

一、读写

1. **根据汉字写出假名。**

❶刑事 ( ) ❷上級 ( ) ❸暗唱 ( ) ❹文字 ( ) ❺葛藤 ( )

❻疎外 ( ) ❼他者 ( ) ❽影 ( ) ❾詐欺 ( ) ❿異国 ( )

2. **根据假名写出汉字。**

❶うながす ( ) ❷ぜつみょう ( ) ❸こうかい ( ) ❹ざつ ( ) ❺てきかく ( )

❻だいべん　　❼しげき　　❽だいり　　❾けんめい　　❿びょうしゃ

（　　　）（　　　）（　　　）（　　　）（　　　）

二、单项选择　**从 1、2、3、4 中选出填入（　　）内的最佳选项。**

1. 彼は上手に英語を話すが、それは全て彼の勉強に対する（　　）といい学習習慣のおかげだ。

　1. 熱心さ　　2. 最高さ　　3. 簡潔さ　　4. 的確さ

2. 留学のチャンスがあったら、（　　）それに挑戦してみてごらんよ。

　1. きっと　　2. ぜひ　　3. だから　　4. ところで

3. 人はみんなそれぞれの悩みを（　　）いるはずだ。

　1. うつして　　2. のこって　　3. たしかめて　　4. かかえて

4. 彼はサミットで、世界に平和の（　　）を発信した。

　1. キャラクター　　2. スマート　　3. メッセージ　　4. ホラー

5. ペーパーレス化は紙の使用を減らすことに（　　）。

　1. つながる　　2. のこる　　3. ふせぐ　　4. かかえる

6. 日本語を3年間勉強しましたが、まだ（　　）のように上手に話すことができない。

　1. ヒューマン　　2. ネイティブ　　3. チャンス　　4. サミット

7. 新興諸国が先進国（　　）、世界経済の中心的な役割を担っていくのではないか。

　1. に比べて　　2. にこたえて　　3. にしたがって　　4. にかわって

8. 日本留学試験に失敗してしまった。どうしてもっと早くから勉強しておかなかったのかと、後悔して（　　）。

　1. いらい　　2. しかない　　3. ならない　　4. よかった

9. 料理ができる（　　）、卵焼きぐらいです。

　1. といえば　　2. といったら　　3. ったら　　4. といっても

10. あんなひどいドラマ、（　　）。

　1. 見てよかった　　2. 見ていい

　3. 見ればよかった　　4. 見なければよかった

三、组词成句　从 1、2、3、4 中选出填入 * 的最佳选项。

1.　（　　）今日中には答えが出そうにないので、＿＿＿＿＿ ＿＿＿＿＿ ＿＿*＿＿ ＿＿＿＿＿。

1. 会議を　　2. これ以上　　3. てもしかたがない　　4. 続け

2.　（　　）海外で＿＿＿＿＿ ＿＿＿＿＿ ＿＿*＿＿ ＿＿＿＿＿、実は 1 か月だけなんです。

1. といっても　　2. ことが　　3. ある　　4. 生活した

3.　（　　）この商品は＿＿＿＿＿ ＿＿＿＿＿、＿＿*＿＿ ＿＿＿＿＿に愛されてきました。

1. 発売　　2. 以来　　3. お客様　　4. 多くの

4.　（　　）本日は部長が出張のため、私＿＿＿＿＿ ＿＿＿＿＿ ＿＿*＿＿ ＿＿＿＿＿の進行役をつとめます。

1. 部長　　2. が　　3. に代わって　　4. 会議

5.　（　　）もう 5 年も故郷に帰っていないので＿＿＿＿＿ ＿＿＿＿＿ ＿＿*＿＿ ＿＿＿＿＿。

1. 両親　　2. 会いたく　　3. に　　4. てならない

四、汉译日　**1. 我自从开始一个人生活以来，一直在外面吃饭。**（～て以来）

＿＿＿＿＿＿＿＿＿＿＿＿＿＿＿＿＿＿＿＿＿＿＿＿＿＿＿＿＿＿。

2. 我对于将来感到非常不安。（～てならない）

＿＿＿＿＿＿＿＿＿＿＿＿＿＿＿＿＿＿＿＿＿＿＿＿＿＿＿＿＿＿。

3. 这个小镇一整年都很温暖。（～を通じて）

＿＿＿＿＿＿＿＿＿＿＿＿＿＿＿＿＿＿＿＿＿＿＿＿＿＿＿＿＿＿。

五、听力　**1. 听录音，写出括号中空缺的单词。**

(1) 彼はとても（　　　　）に（　　　　）な学生だ。

(2) 私は（　　　　）（　　　　）が好きだ。

(3) 近年、（　　　　）率が高くなっている。

(4) 彼がもう（　　　　）したかどうか（　　　　）くれませんか。

(5) そのマンションの最大の(　　　)は(　　　)の便がよいことです。

2. **听录音，从 1、2、3、4 中选出正确选项。**

1. アニメを使わないこと
2. できるだけ早いスピードで練習すること
3. 自分の能力より少し難しいテキストを選ぶこと
4. できるだけ難しいテキストを選ぶこと

3. **听录音，从 1、2、3、4 中选出正确选项。**

1. 誰もが体験するような話
2. ドラマのような感動的な話
3. 珍しい話
4. 人から聞いた面白い話

词汇 3

奮闘（ふんとう）⓪	【名】【自动 3】	奋战，奋斗	N2
諸国（しょこく）①	【名】	诸国，各国	N2
先進国（せんしんこく）③	【名】	发达国家	N2
ネイティブ①	【名】	原住民，本地人	·
チャンス①	【名】	机会	N3
サミット①	【名】	峰会	N2

课题

你喜欢看电视剧吗？介绍一部你喜欢的日本电视剧，并简单说明理由。以下是唐琦琦在课堂上的发言。

私の好きなドラマ

私のお気に入りの日本のテレビドラマは、『半沢直樹』だ。このドラマは、30代の銀行員・半沢直樹の奮闘を描いた物語である。主人公の半沢直樹が、職場での不正に立ち向かい、正義を貫く姿勢が魅力的なのだ。半沢直樹の人間関係や葛藤、仕事への情熱が描かれ、ドラマを観る人は彼の勇敢さや信念に共感する。物語の中で描かれる銀行業界の舞台設定も興味深い。ドラマを観ながら、ビジネスの世界に対する理解を深めることができる。このドラマは、スリリングな展開と共に、正義や信念の大切さを伝えるメッセージを持ち、人々に勇気と希望を与える。(258)

专栏

"连续电视小说"——晨间剧

晨间剧，学名"连续电视小说"，是开始于 1961 年的一档日本电视栏目。每周一到周六的早上 8:00 播出一集，每集 15 分钟，"晨间剧"之名即由此得来。

晨间剧通常结合时代主题和地域特点，有不少根据真实人物和事件改编。晨间剧关注家庭和社会问题、主旨积极向上，主角以女性居多。

1966 年的晨间剧《阿花小姐》讲述女主角在丈夫病逝后独自养大孩子的故事；1986 年的《烈驹》以明治和大正时期活跃在媒体的女记者磯村春子为原型；1999 年的《明日香》的女主角是一位日式点心师；2002 年《满天》则描述了女主角成为宇航员的故事。

晨间剧的制作十分严谨。环境、时代、原型人物确定后，剧组会进行周密的调研与考证，努力使拍摄符合故事设定，还原故事背景。晨间剧敏锐地捕捉现实问题，力求使观众感同身受。55 年来，93 部晨间剧作为反映日本政治、经济及文化变化的镜子，成为人们了解日本社会的一个窗口。

第十二課

時代とともに変わる働き方

（讨论课开始前，同学们在教室交流毕业后的职业规划）

ロブ：　みなさんはさあ、卒業したら日本で就職するの？国へ帰るの？

金敏恵：　私は卒業したら専門学校に行って洋服づくりの勉強をしたいけど、将来的にはまず日本のアパレル企業で修行して、腕を磨いた後に国へ帰って自分のブランドを立ち上げたい。

唐琦琦：　すごい！起業するのか。私は大学院に進学して、将来は社会学の勉強をしたいと思っている。社会学の研究はどこでもできるので、どこで働くかはまだ考えていないけど。

佐々木玲子：　琦琦さんは院生になって学問の道へ進むのね。素晴らしい！私は異文化に興味があるから、国際交流の懸け橋になって海外で働くのに憧れているけど、語学が得意じゃないから、おそらく日本で働くことになるのかなと思う。

青木裕太：　ぼくは卒業したら総合商社に就職したいと思っている。いまその辺の情報を集めている最中。

ロブ：　すごい。商社マンって、世界を飛び回る超エリートじゃないか。

金敏恵：　でも、商社って転勤が多いうえに、帰宅が遅く、働く時間も長いって聞いているよ。

佐々木玲子：　それは昔のイメージかもしれない。今は働き方改革で、どこもライフワークバランスを重視した新しい働き方を模索しているよ。

青木裕太：　そうだね。欧米で行われた国際的比較研究の結果からすると、労働時間が長くなると逆に生産性が落ちる恐れがあるからで、ライフワークバランスを推進するのは経営の立場から言っても重要なことかも。

唐琦琦：　確かに、レジャーを思いっきり楽しんで、気分転換し、心身ともにリフレッシュできなければ、クリエイティブな仕事ができるわけがないよね。

语法说明 1

1. ～最中（さいちゅう）に

いまその辺（へん）の情報（じょうほう）を集（あつ）めている最中（さいちゅう）。

（现在正在收集相关的信息。）

接续： 名词＋の＋最中に

动词て形＋いる＋最中に

用法： 表示“某动作正在进行”，意思是“正在……时”。

例句：

① 食事（しょくじ）の最中（さいちゅう）に部長（ぶちょう）から電話（でんわ）がかかってきた。/ 正吃着饭，部长的电话来了。

② お風呂（ふろ）に入（はい）っている最中（さいちゅう）に地震（じしん）が起（お）きた。/ 正在洗澡的时候突然地震了。

2. ～ではないか

商社（しょうしゃ）マンって、世界（せかい）を飛（と）び回（まわ）る超（ちょう）エリートじゃないか。

（在商社工作的话，不是满世界到处飞的超级精英吗？）

接续： 名词＋ではないか

动词 / イ形容词的简体形＋ではないか

ナ形容词词干＋ではないか

用法： 表示惊讶、责难、反问等语气，意思是“不是……吗”。

例句：

① 間違（まちが）えたのはあんたじゃないか。/ 错的不是你吗？

② やればできるじゃないか。/ 尝试一下不是也做得挺好的吗？

③ 失敗（しっぱい）したっていいじゃないか。/ 失败了也没什么。

④ 日本語（にほんご）はなかなか上手（じょうず）じゃないか。/ 你日语不是挺好的吗？

3. ～上に

でも、商社って転勤が多いうえに、帰宅が遅く、働く時間も長いって聞いているよ。

（但是，听说商社不仅工作调动频繁，而且下班晚，工作时间还长。）

接续： 名词 + である / の + 上に

动词简体形 + 上に

イ形容词 + 上に

ナ形容词词干 + な + 上に

用法： 表示补充、添加，意思是“不仅……而且……”。

例句：

① 今年は不景気の上に就活生も多いから、なかなか厳しいよ。/ 今年经济又不景气，再加上找工作的学生又很多，不容易啊。

② 彼は会議に遅刻してきた上に、資料の準備も忘れた。/ 他不仅开会迟到了还忘了准备资料。

③ このブランドはデザインがかわいい上に、品質もいい。/ 这个牌子不仅设计可爱，质量也好。

④ 彼女は歌が上手な上に、ピアノもできる。/ 她不仅唱歌好听，还会弹钢琴。

4. ～からすると / からすれば

欧米で行われた国際的比較研究の結果からすると、労働時間が長くなると逆に生産性が落ちる恐れがある。

（根据在欧美进行的国际比较研究结果来看，增加工作时间可能反而会导致生产效率下降。）

接续：　名词＋からすると／からすれば

用法：　表示评价或判断的角度，意思是"从……来看"。

例句：
① 彼(かれ)の表情(ひょうじょう)からすると、どうもまだ本当(ほんとう)のことを話(はな)していないようだね。/ 从他的表情来看，似乎还没说真话。
② 彼(かれ)の立場(たちば)からすれば、そんな不合理(ふごうり)な要求(ようきゅう)を断(ことわ)るのは当然(とうぜん)でしょう。/ 从他的立场来说，拒绝这种不合理的要求不是理所当然的吗?

5. ～恐(おそ)れがある

労働時間(ろうどうじかん)が長(なが)くなると逆(ぎゃく)に生産性(せいさんせい)が落(お)ちる恐(おそ)れがある。

（增加劳动时间可能反而会导致生产效率下降。）

接续：　名词＋の＋恐れがある
动词基本形＋恐れがある

用法：　表示"可能导致不良后果"，意思是"可能……""恐怕……"。

例句：
① 絶滅(ぜつめつ)の恐(おそ)れがあるため、希少野生生物(きしょうやせいせいぶつ)を守(まも)らなければならない。/ 珍稀野生动物有可能会灭绝，所以必须保护好它们。
② 何(なん)の準備(じゅんび)もせずに登山(とざん)すると、危(あぶ)ない目(め)に遭(あ)う恐(おそ)れがある。/ 什么准备都不做就去爬山的话，可能遭遇危险。

6. ～から言(い)うと／から言(い)えば／から言(い)って

ライフワークバランスを推進(すいしん)するのは経営(けいえい)の立場(たちば)から言(い)っても重要(じゅうよう)なことかも。

（即使是从企业经营的角度来说，推进工作生活平衡也是很重要的。）

接续：　名词＋から言うと／から言えば／から言って

用法：　表示“站在某立场上可以得出某种结论”，意思是“对……来说”“从……来看”。

例句：

① 模擬試験の結果から言うと、彼は間違いなく東大に受かるだろう。/ 从模拟考的结果来看，他肯定能考上东大。

② 今の売り上げから言えば、佐藤さんは今月も社内トップになりそうですね。/ 从目前的销售情况来看，佐藤这个月估计又是公司第一了。

③ 私の経験から言って、北京は外国人にとっても住みやすいところだと思う。/ 从我的经历来看，北京对外国人来说也是很宜居的地方。

7. ～わけがない / わけはない

確かに、レジャーを思いっきり楽しんで、気分転換し、心身ともにリフレッシュ出来なければ、クリエイティブな仕事ができるわけがないよね。

（确实，要是不能好好享受假期，转换心情、放松身心的话，是不可能做出有创造性的工作的。）

接续：　名词 + である / な + わけがない / わけはない

动词 / イ形容词的简体形 + わけがない / わけはない

ナ形容词词干 + な + わけがない / わけはない

用法：　表示强烈否定，意思是“不可能……”“肯定不会……”。

例句：

① このバッグは彼氏からのプレゼントだから、偽物なわけがない。/ 这个包是男朋友送我的礼物，不可能是假货。

② うちの子が嘘をつくわけがない。/ 我家孩子肯定不会撒谎。

③ 友達を裏切るような行為が正しいわけがない。/ 这种背叛朋友的行为不可能是正确的。

④ そんな人なんか好きなわけがないだろう。/ 我怎么可能会喜欢那种人呢。

词汇 1

立ち上げる（たちあげる）⓪④	【他动 2】	发起；创立，建立，开设；启动	N2
起業（きぎょう）①	【名】【他动 3】	创业	N2
裏切る（うらぎる）③	【他动 1】	背叛，辜负	N2
憧れる（あこがれる）⓪	【自动 2】	憧憬，向往	N2
飛び回る（とびまわる）④	【自动 1】	飞来飞去；四处奔走	N2
報道（ほうどう）⓪	【名】【他动 3】	报道	N2
進学（しんがく）⓪	【名】【自动 3】	升学	N3
大学院（だいがくいん）④	【名】	研究生院	N4
院生（いんせい）①	【名】	研究生	N3
学問（がくもん）②	【名】【自动 3】	（做）学问；学业；学术	N2
総合（そうごう）⓪	【名】【他动 3】	总合；综合	N2
修行（しゅぎょう）⓪	【名】【自动 3】	学徒；修行	N2
腕（うで）②	【名】	臂，胳膊；本事，技能；支架，扶手	N4
気分転換（きぶんてんかん）④	【名】【自动 3】	转换心情	*
リフレッシュ③	【名】【自动 3】	恢复精力，振奋精神	N2
絶滅（ぜつめつ）⓪	【名】【自动 3】	灭绝	N2
希少（きしょう）⓪	【名】	稀缺，稀有	N2
野生（やせい）⓪	【名】【自动 3】	野生	N2
生物（せいぶつ）⓪①	【名】	生物	N3
拡大（かくだい）⓪	【名】【他动 3】	扩大	N2
範囲（はんい）①	【名】	范围	N2
模索（もさく）⓪	【名】【他动 3】	摸索，探寻	N2
比較（ひかく）⓪	【名】【他动 3】	比较	N2
推進（すいしん）⓪	【名】【他动 3】	推进，推动，促进	N2
労働（ろうどう）⓪	【名】【自动 3】	劳动，工作	N2
不合理（ふごうり）②	【ナ形】	不合理的	*
要求（ようきゅう）⓪	【名】【他动 3】	要求	N2
クリエーティブ⑤	【ナ形】	创造性的	*

～マン①	【接尾】	做……的人	*
企業（きぎょう）①	【名】	企业	N2
就活生（しゅうかつせい）③	【名】	找工作的学生	*
語学（ごがく）⓪①	【名】	语言学	N2
異文化（いぶんか）②	【名】	异文化	*
懸け橋（かけはし）②	【名】	桥梁；梯子	N3
社会学（しゃかいがく）②	【名】	社会学	N2
海外（かいがい）①	【名】	海外，国外	N3
商社（しょうしゃ）①	【名】	贸易公司；商社	N2
恐れ（おそれ）③	【名】	畏惧，害怕；（不好的）可能性	N2
辺（へん）⓪	【名】	一带	N3
ライフ①	【名】	生命；人生；生活	N2
ワーク①	【名】	工作，事业	N2
欧米（おうべい）⓪	【名】	欧美，欧美地区	N3
エリート②	【名】	尖子，精英	N2
帰宅（きたく）⓪	【名】【自动 3】	回家，归家	N3
改革（かいかく）⓪	【名】【他动 3】	改革，革新	N2
レジャー①	【名】	业余时间的娱乐；余暇，空闲	N2
心身（しんしん）①	【名】	身心	N2
売上げ（うりあげ）⓪	【名】	营业额	*
バッグ①	【名】	包，袋；皮包，手提包	N4
偽物（にせもの）⓪	【名】	假货	N2
一部（いちぶ）②	【名】	一部分	N3

時代とともに変わる働き方

日本人の働き方といえば、早朝から深夜までの長時間労働や、「男は外、女は内」という役割分担、また、定年まで同じ会社で働き続けたいという安定志向のイメージが強い。しかし、国内外の社会や経済状況の変化、情報技術の発達の中で、日本人の働き方が大きく変化している。

まず、雇用の自由化で「終身雇用」の時代が終わり、派遣労働、パートタイム労働、フリーランス、副業などの形で働く人が増えた。それを雇用の不安定化とする意見もあるが、働く人が、一つの業種や職種、職場に縛られず、その人の個性に合った働き方を模索しながら、専門性を形成する可能性を手にしたとポジティブに捉える意見もある。

技術の面では、近年デジタル化が進むにつれて、テレワークや自宅にいながらの在宅勤務が普及し、オンラインで済む仕事が増え、働く場所や時間が柔軟になってきた。インターネットに接続すれば、世界のどこからでも仕事ができるデジタルノマドも現れている。

同時に、女性の社会進出も当たり前になってきた。男女ともに働きながら余暇を楽しみ、子育てや親の介護などの責任を果たせる働き方を実現する社会が求められている。そんな中で、週休三日制や時短勤務などを推進する会社も現れ始めた。

一方で、少子高齢化により、働く高齢者が増えている。高齢者にとって、働くことは生活のためだけでなく、健康や人間関係を維持し、社会と関わり続けることでもある。そうしたことから高齢者の雇用や再就職支援が注目されている。

働き方がさらに多様化し、これからは働く人々が自分らしい生き方を実現できる社会が築かれていくことが期待される。豊かな労働環境が創出されることによって、より創造的な仕事ができることだろう。

语法说明 2

1. ～につれて / につれ

技術の面では、近年デジタル化が進むにつれて、テレワークや自宅にいながらの在宅勤務が普及し、オンラインで済む仕事が増え、働く場所や時間が柔軟になってきた。

（在技术方面，随着近年来数字化的进步，远程办公和足不出户的居家办公日益普及，有越来越多的工作可以在线完成，工作的地点和时间变得更加灵活。）

接续： 名词 + につれて / につれ

动词基本形 + につれて / につれ

用法： 表示“随着前项发生变化，后项也发生相应变化”，意思是“随着……”。

例句： ① 子どもの成長につれて出費がどんどん増えてきた。/ 随着孩子长大，开销也越来越大。

② 試合の日が近づくにつれて、緊張してきた。/ 随着比赛临近，我越来越紧张了。

2. ～て済む / で済む

オンラインで済む仕事が増え、働く場所や時間が柔軟になってきた。

（有越来越多的工作可以在线完成，工作的地点和时间变得更加灵活。）

接续： 名词 + で + 済む

动词 / イ形容词的て形 + 済む

用法： 表示“通过前项的方法或做了前项的事之后，问题就可以解决”。意思是“……就可以了”。

例句： ① 今日の宿題は簡単だから、30分で済んだ。/ 今天作业很简单，所以我 30 分钟就完成了。

② 謝って済むなら警察はいらないだろう。/ 只要道歉就能解决的话，就不需要警察了吧。

③ 今日のお昼はクーポンを使ったので、安くて済んだ。/ 今天午餐用了优惠券，很便宜。

词汇 2

介護（かいご）①	【名】【他动 3】	看护，护理，照顾	N2
形成（けいせい）⓪	【名】【他动 3】	形成	N2
接続（せつぞく）⓪	【名】【自他动 3】	连结，衔接	N2
進出（しんしゅつ）⓪	【名】【自动 3】	进入；侵入；出动；参加	N2
維持（いじ）①	【名】【他动 3】	维持，保持	N2
創出（そうしゅつ）⓪	【名】【他动 3】	创新，创造	
分担（ぶんたん）⓪	【名】【他动 3】	分担	N2
志向（しこう）⓪	【名】【自动 3】	意志；意向；志向	N1

発達（はったつ）⓪	【名】【自动3】	发育；进步，发展	N2
雇用（こよう）⓪	【名】【他动3】	雇用	N2
終身（しゅうしん）⓪	【名】	终身	N2
派遣（はけん）⓪	【名】【他动3】	派遣	N2
テレワーク③	【名】	远程工作	*
オンライン③	【名】【自动3】	联机，在线	N2
在宅（ざいたく）⓪	【名】【自动3】	在家	N2
自宅（じたく）⓪	【名】	自己家	N3
ポジティブ①	【ナ形】	积极	*
時短（じたん）⓪	【名】	短时间	*
定年（ていねん）⓪	【名】	退休年龄	N2
早朝（そうちょう）⓪	【名】	早晨，清晨	N2
深夜（しんや）①	【名】	深夜	N3
長時間（ちょうじかん）③	【名】	长时间	N3
状況（じょうきょう）⓪	【名】	情况，状况	N2
ノマド①	【名】	游牧民	*
余暇（よか）①	【名】	闲暇，业余时间	N2
パートタイム④	【名】	打零工	*
フリーランス④	【名】	自由职业者	*
副業（ふくぎょう）⓪	【名】	副业	N2
業種（ぎょうしゅ）⓪	【名】	行业种类	N2
職種（しょくしゅ）⓪	【名】	职业种类	N2
子育て（こそだて）②	【名】【自动3】	育儿	N2
近づく（ちかづく）③	【自动1】	接近，靠近；近似	N2
出費（しゅっぴ）⓪	【名】【自动3】	花费，开销	N2

练习

一、读写　**1. 根据汉字写出假名。**

❶企業　❷修行　❸進学　❹学問　❺総合

（　　）（　　）（　　）（　　）（　　）

❻報道　❼就活　❽雇用　❾発達　❿余暇

（　　）（　　）（　　）（　　）（　　）

2. 根据假名写出汉字。

❶きたく　❷かいかく　❸もさく　❹ろうどう　❺すいしん

（　　）（　　）（　　）（　　）（　　）

❻しんしん　❼ようきゅう　❽きしょう　❾にせもの　❿かくだい

（　　）（　　）（　　）（　　）（　　）

二、单项选择　**从1、2、3、4中选出填入（　　）内的最佳选项。**

1. 田中(たなか)さんは海外留学(かいがいりゅうがく)している間(あいだ)、料理(りょうり)の（　　）を磨(みが)いた。

　1. 手(て)　2. 腕(うで)　3. 足(あし)　4. 頭(あたま)

2. 私(わたし)はパリを旅行(りょこう)している（　　）に彼女(かのじょ)に会(あ)いました。

　1. 最中(さいちゅう)　2. 最後(さいご)　3. 最初(さいしょ)　4. 最高(さいこう)

3. インドは暑(あつ)い国(くに)という（　　）がある。

　1. パートタイム　2. バランス

　3. イメージ　4. オンライン

4. 我々(われわれ)は情報不足(じょうほうぶそく)のために不利(ふり)な（　　）に置(お)かれている。

　1. 場所(ばしょ)　2. 立場(たちば)　3. 居場所(いばしょ)　4. 場合(ばあい)

5. 第二言語(だいにげんご)としての日本語教育(にほんごきょういく)では、日本語(にほんご)ネイティブ教師(きょうし)が重要(じゅうよう)な（　　）を果(は)たしている。

　1. 職業(しょくぎょう)　2. 勤務(きんむ)　3. 役割(やくわり)　4. 割合(わりあい)

6. 彼女(かのじょ)は、就職(しゅうしょく)に失敗(しっぱい)した（　　）、付(つ)き合(あ)っていた人(ひと)にもふられて、とても落(お)ち込(こ)んでいる。

　1. 上(うえ)に　2. 上(うえ)で　3. 最中(さいちゅう)に　4. 最中(さいちゅう)で

7. 成長する（　　）、悩みも増えてきた。

1. にかけて　2. について　3. に対して　4. につれて

8. 勉強もしないで遊んでばかりいて、試験に受かる（　　）。

1. わけではない　2. わけにはいかない

3. わけだ　4. わけがない

9. 親の見方（　　）、私のやり方は間違っているかもしれないが、私はこれでいいんです。

1. からいうと　2. からといって

3. からこそ　4. からには

10. 田中さんって覚えてないの？この間商店街で会った（　　）。

1. じゃない　2. じゃないか

3. じゃないだろう　4. じゃないだろうか

三、组词成句　**从 1、2、3、4 中选出填入___*___的最佳选项。**

1. （　　）今________ ________ ____*____ ________だから、あまり話しかけないでください。

1. 最中　2. 考えごと　3. している　4. を

2. （　　）最近の携帯は________ ________ ____*____ ________、カメラの性能もよいからとても便利だ。

1. 機能が　2. たくさん　3. 使い方や　4. ある上に

3. （　　）今度のJLPT試験ですが、今の皆さんの________ ________、____*____ ________合格できるでしょう。

1. なく　2. 実力　3. からすると　4. 問題

4. （　　）このまま赤字が続けば、________ ________ ____*____ ________。

1. おそれがある　2. この

3. 倒産する　4. 会社は

5. （　　）こんなに仕事が残っているのに、________ ________ ____*____ ________。

1. 終わる　2. 中に　3. 今日　4. わけがない

四、汉译日

1. **这一带不仅安静，离车站也近，非常宜居。（～上に）**

____。

2. **按他的看法来说，肯定会觉得我的想法太孩子气了吧。（～から言うと）**

____。

3. **从今晚到明天可能会下大雪，请大家注意。（～恐れがある）**

____。

五、听力

1. **听录音，写出括号中空缺的单词。**

(1) 大学を（　　　）したら、日本の（　　　）に就職したい。

(2) 生活と仕事との（　　　）を取るのが大切だ。

(3) 海外の（　　　）で（　　　）関係に関する研究をしている。

(4)（　　　）技術はこの10年著しく（　　　）した。

(5) 私は会社（　　　）より（　　　）のほうがいいなと思います。

2. **听录音，从1、2、3、4中选出正确选项。**

1. 個性のあるアイデアを、試してみるべきだ
2. より多くの人と会い、経験を積むべきだ
3. 専門だけでなく、なんでも勉強すべきだ
4. プロのデザイナーの作品を深く勉強すべきだ

3. **听录音，从1、2、3、4中选出正确选项。**

1. 今、好きなことを職業にするのは不安だ
2. 今、好きなことを職業にすると多分失敗するだろう
3. 今、好きではないことでも職業として選べる
4. 今、好きではないことを職業にはしたくない

词汇 3

試す（ためす）②	【他动1】	尝试；考验	N2
真似（まね）⓪	【名】【他动3】	模仿	N2
著しい（いちじるしい）⑤	【イ形】	显著，显然，明显	N2
約（やく）①	【副】【名】	大约；约定	N3

割（わり）⓪	【名】	比例，比率	N2
パリ①	【名】	巴黎	N2

课题

关于就业，你最看重哪些因素？谈谈你的择业观念。以下是青木裕太的作文。

仕事を選ぶ上で重視する要素について

私が仕事を選ぶ上で重視する要素は、以下の三つだ。

第一に、やりがいである。私は自分が関心を持ち、情熱を傾けられる仕事を選びたいと考えている。やりがいがあれば、毎日の努力も苦にならず、成果を上げることができるからだ。

第二に、成長とキャリアの展望である。私は長期的にスキルや知識を伸ばせる仕事に携わりたい。また、キャリアの展望も重要で、自身の努力で新たな機会が得られる職場で働きたいと思う。

第三に、ワークライフバランスである。人生は仕事だけでない。プライベートの時間も充実させたい。柔軟な勤務時間や休暇制度、働きやすい環境が整っている職場で働くことで、自身の幸福感や充実感を得ることができると思う。(296)

专栏

数字化与工作方式改革

由于老龄化和少子化，日本劳动人口持续减少，劳动人口的平均年龄持续增高，这对日本社会和产业界而言是一大挑战。通过AI、ICT、云、5G等技术实现数字转型，使工作方式更灵活，让更多人参与生产和劳动，进一步提高生产效率是解决这一危机的重要手段。2021年9月1日，日本政府负责行政数字化的最高部门——数字厅成立，由此正式开始全面的数字化转型。

数字化时代下，人们将通过

三个系统变革工作方式提高工作效率。

1. SoR（System of Records）即“记录系统”，通过数字化准确记录和安全管理各种信息，用于人力资源管理、会计和销售管理系统。

2. SoE（System of Engagement）即“连接的系统”，是建立生产和消费中所有人关系的系统。

3. SoI（System of Insight）即“客户行为心理和需求洞察系统”，将SoR和SoE联系起来，可持续收集、积累、分析数据，从而获得新的洞察力。

上述系统可精确记录生产和消费过程，并通过精准预测未来的需求进行合理的生产规划，提高效率，避免浪费。

第三单元小结

1. 表示前后文关系的句型

本单元中着重学习了包括转折、递进、判断、顺接等多种表示前后文关系的句型。掌握此类表示前后文逻辑关系的句型，不仅能够帮助我们更好地理清文章的脉络结构，在口语表达中，也能帮助我们组织出逻辑完整的日语句子。理解并运用此类句型是我们理解长难句、阅读较长文章和清晰地进行口语表达的必备技能。

句型	含义	例句	课数
～つつ	……一边……一边	新聞を読みつつコーヒーを飲む。	9
～と（は）反対に	与……相反	努力家の兄と反対に、妹は遊びがすきだ。	9
～といっても	虽说……，但……	社長といっても、社員は３人だけだ。	11
～て以来	自从……以来就一直……	卒業して以来一度も会っていない。	11
～を通じて / を通して	（贯穿某个期间）一直……	日本は四季を通して、観光客が多い。	11
～上に	不仅……而且……	今年は不景気の上に就活生も多いから、なかなか厳しいよ。	12
～からすると / からすれば	从……来看 (立场)	学生からすると、この試験はとても難しい。	12
～から言うと / から言えば / から言って	从……来看（观点、角度）	模擬試験の結果から言うと、彼は間違いなく東大に受かるだろう。	12
～につれて / につれ	随着……	子どもの成長につれて出費がどんどん増えてきた。	12

2. 表示“无济于事”的句型

表示“无奈，无济于事”的句型还有初级阶段学习的「～しかない」等。

句型	含义	例句	课数
～ても始まらない	即使……也没用	一人で悩んでいても始まらない。先に突き進むしかない。	10
～てもしかた（が）ない／てもしょうがない	即使……也……	全然勉強していないから、不合格でもしかたがないよ。	11

3. 表示观点、看法的句型

日语中表示观点、看法的句型多种多样，且受语境的影响较大，因此需要观察和理解语境，选择合适的表达方式。

句型	含义	例句	课数
～というほどではない／というほどでもない	算不上……	うつ病というほどではないが、なんとなく気分が上がらない。	9
～ではないか	难道不是……吗	間違えたのはあんたじゃないか。	12
～恐れがある	恐怕会……	絶滅の恐れがあるため、希少野生生物を守らなければならない。	12
～わけがない／わけはない	不可能……，断不会是……	このバッグは彼氏からのプレゼントだから、偽物なわけがない。	12

4. 固定句式总结

句型	含义	例句	课数
～か何か	……或是其他的	ゴミは掃除機か何かで取りましょう。	9
～ように見える	看上去好像……	この超軽量ヘルメットはまるで帽子のように見える。	9
～ようとする	正要……	赤ちゃんが一生懸命頭をあげようとしている。	9
～だけでは	只有……的话	技術力だけでは、IT業界で生き残れない。	9

续表

句型	含义	例句	课数
～ばかりだ	一直……	不景気のせいで、給料は下がるばかりだ。	9
～おきに	每隔……	試合の準備のために、1日おきにボクシングの練習をしている。	10
～ないかな	能不能……，多希望……啊	ちょっと静かにしてくれないかな。	10
～うちは / ないうちに	在……期间内	留学しているうちは海外でいろんなことを経験したほうがいい。	10
	趁着……	冷めないうちに食べてください。	10
～（は）する / ～（も）する	居然……	毎日の通勤時間は片道で2時間もするから大変だ。	10
	至少……	あの自転車は少なくとも2万円はするよ。	10
なぜなら～からだ	要说为什么的话，是因为……	彼は今日来ないと思う。なぜなら（ば）彼は病気で病院に行ったからだ。	10
なにしろ～から / ので	毕竟因为……	なにしろまだ子どもだから、外で自由に遊ばせることも大事だよ。	10
～がる	感到……	妻は今のより大きい家を欲しがっている。	10
～向けだ / 向けに / 向けの	面向……	女性向けに、使いやすい家事道具が開発された。	10
～向きだ / 向きに / 向きの	适合……	彼は好奇心が強くて、研究者向きです。	10
～になる / となる	决定……	本日は臨時閉店することとなった。	10
～たら / ったら	我说……，……真是的	この子ったら、何度言えば分かるのよ。	11
～てごらん	请尝试着……	私が作ったの。早く食べてごらん。	11

续表

句型	含义	例句	课数
～にかわって / にかわり	代替……	李さんにかわり、私が会議に出席しました。	11
～てならない	……得不得了	そんな行為は詐欺のように思えてならない。	11
～最中に	做……的当中	食事の最中に部長から電話がかかってきた。	12
～て済む / で済む	……就行了，……就够了	今日の宿題は簡単だから、３０分で済んだ。	12

第四単元

理想的な学校教育とは

ジェンダー平等への道

科学者の貢献

日本の地方

205–272

第十三課　理想的な学校教育とは

（上课前，大家在教室讨论什么是理想的教育）

金敏恵：　佐々木さんは教員免許を取るための授業を受けているよね？

佐々木玲子：うん、将来、高校の先生になろうと思っている。

ロブ：　佐々木さんのイメージにぴったりだと思う。どの教科なの？

佐々木玲子：本当？うれしい！国語の教員を目指しているんだ。

唐琦琦：　佐々木さんは性格も穏やかで、教えるのが本当に上手だもん。文章を的確に直してくれて、いつも助かっている。

青木裕太：　教育といえば、現場では不登校やいじめなど、課題が多いけど、佐々木さんはどんな教育を目指しているの？

佐々木玲子：そうだね。小学生の時に『窓ぎわのトットちゃん』を読んだことがあって、トモエ学園の子どもたちが羨ましくてたまらなかった。そこに書いてあるような、生徒一人ひとりの個性を尊重し、才能を開花させられる教育が理想的だね。それから、子供の活字離れが深刻だから、読むことと書くことの楽しさを知ってもらいたいな。

青木裕太：　そうね。知識の詰め込み教育じゃあ、本物の学力にはならないし、子どもたちが自分の頭で考える思考力が育ちようもないよね。

唐琦琦：　AI がどんどん賢くなる時代に、過剰に知識を詰め込むよりは、一生大切にできる思い出を作ってあげられるような学校がいいな。学力も大事だけど、心が優しい素直な子に育ってほしいね。

ロブ：　思い返せば、ぼくも幼い頃、勉強は好きだったけど、学校は大嫌いだった。苦手なことをさせられて嫌でしょうがなかった。

佐々木玲子：　でも、学校は授業さえ楽しければいいというものでもないから、何がいい教育なのか、簡単に答えが見つからないね。

语法说明 1

1. ～て（は）たまらない

トモエ学園の子どもたちが羨ましくてたまらなかった。

（非常羡慕巴学园的孩子们。）

接续： 动词 / イ形容词的て形 + （は）たまらない

ナ形容词词干 + で + （は）たまらない

用法： 表示说话人强烈的感情，意思是“非常……”“……得不得了”。

例句：

① 今朝朝ごはんを食べなかったので、もうお腹が空いてたまらないよ。/ 因为今天早上没吃早饭，所以我肚子已经饿得不行了。

② 雨の日はいつも膝や腰が痛くてたまらない。/ 下雨天我的膝盖和腰总是疼得受不了。

③ 出かけるとき、火元を繰り返し確認しないと不安でたまらない。/ 出门前一定要确认好几遍是否关了火，否则就会非常不安。

2. ～ようがない / ようもない

知識の詰め込み教育じゃあ、本物の学力にはならないし、子どもたちが自分の頭で考える思考力が育ちようもないよね。

（填鸭式教育无法培养真正的学习能力，也无法培养孩子独立思考的能力。）

接续： 动词~~ます~~形 + ようがない / ようもない

用法： 强调“无论用什么办法都做不成某事”，意思是“无法……”。

例句：

① 卒業して以来会っていないから、もう彼に連絡しようもない。/ 毕业后就没见过，根本没办法联系上他。

② そもそも質問の意味もよく分からないので、答えようがないよ。/ 这个问题是什么意思我都不太清楚，根本没办法回答。

③ この病気は現代医療ではどうしようもありません。/ 現代医学技术对这种病束手无策。

3. ～てしかた（が）ない / てしょうがない

苦手なことをさせられて嫌でしょうがなかった。

（被强迫做自己不喜欢的事情真的是太烦了。）

接续： 动词 / イ形容词的て形 + しかた（が）ない / しょうがない

ナ形容词词干 + で + しかた（が）ない / しょうがない

用法： 表示"说话人的某种感情或感觉非常强烈"，意思是"……得不得了""非常……"。

例句：

① 彼は一体何を隠しているのか、気になってしょうがない。/ 我特别好奇，他到底隐瞒了什么。

② デートして別れてすぐ彼女に会いたくてしかたがない。/ 刚跟女朋友约完会就又想她了。

③ 友達に嫌われていないか心配でしょうがない。/ 很担心朋友是不是讨厌我了。

4. ～さえ～ば

でも、学校は授業さえ楽しければいいというものでもないから、何がいい教育なのか、簡単に答えが見つからないね。

（但是，学校并不是只要上课开心就可以的。什么是好的教育，这个问题无法轻易找到答案。）

接续： 名词 + （で） + さえ + あれば / なければ

动词~~ます~~形 + さえ + すれば / しなければ

イ形容词词干 + く + さえ + あれば / なければ

ナ形容词词干 + で + さえ + あれば / なければ

用法： 表示“只要符合前项条件，后项事情就成立”，意思是“只要……就……”。

例句：

① 彼は時間さえあればスマホを見ている。/ 他只要一有时间就看手机。

② 諦めさえしなければ、いつか夢は必ず叶う。/ 只要不放弃，梦想总有一天会实现。

③ 天気さえよければ、ここから富士山が見える。/ 只要天气好，从这里就能看到富士山。

④ 両親が元気でさえあれば安心だ。/ 只要父母健康我就放心了。

词汇 1

詰め込む（つめこむ）③⓪	【他动 1】	塞满；灌输；挤满	N2
知識（ちしき）①	【名】	知识	N2
隠す（かくす）②	【他动 1】	隐藏；隐瞒	N2
思い返す（おもいかえす）④⓪	【他动 1】	回想；反省	·
思考（しこう）⓪	【名】【他动 3】	思考，考虑	N2
教育（きょういく）⓪	【名】【他动 3】	教育；教养	N3
穏やか（おだやか）②	【ナ形】	平稳；温和；圆满	N2
深刻（しんこく）⓪	【ナ形】	严重；深刻	N2
賢い（かしこい）③	【イ形】	聪明的，伶俐的	N3
過剰（かじょう）⓪	【ナ形】	过剩，过量	N2
素直（すなお）①	【ナ形】	坦率，纯朴	N2
光栄（こうえい）⓪	【名】【ナ形】	光荣	N2
抜群（ばつぐん）⓪	【名】【ナ形】	超群，出众	N2
そもそも①	【接续】【名】【副】	当初；说来；究竟	N2
一体（いったい）⓪	【接续】【名】【副】	到底，究竟；根本，原来	N2
不登校（ふとうこう）②	【名】【自动 3】	不上学	·
苛め（いじめ）⓪	【名】	霸凌，欺负	N2
免許（めんきょ）①	【名】	驾照，执照，许可证	N2
教科（きょうか）①	【名】	教授科目	N2

窓際（まどぎわ）⓪	【名】	窗前，窗边	N2
学園（がくえん）⓪	【名】	学园，学校	N2
学力（がくりょく）⓪②	【名】	学习能力	N3
活字（かつじ）⓪	【名】	活字；铅字	N2
腰（こし）⓪	【名】	腰	N3
火元（ひもと）③⓪	【名】	火源；起火处；根源	•
行動力（こうどうりょく）③	【名】	执行力，行动力	•
スマホ⓪	【名】	智能手机	•
センス①	【名】	品味，感觉，审美	N3

理想的な学校教育とは

日本の教育では、マナーやチームワークなど、社会生活における協調性が重視されていることが特徴の一つである。また、学歴社会で知識の教育が行われてきた。このせいで、子供の個性がなくなってしまうという批判も存在する。その中で誕生したのは、個性の開花を促す理想的な教育を描いた「窓ぎわのトットちゃん」で、戦後最大のベストセラーであり、ロングセラーでもある。

著者の黒柳徹子は、子ども目線で好奇心旺盛なトットちゃんの日常を綴り、愛情溢れる校長先生とともに子どもたちが生き生きと学ぶ姿を描いた。この物語は、多様性を大切にする教育の重要性を示し、日本の教育を見直す上で多くのヒントを与えた。

今の時代は、いつにもまして一人ひとりの想像力と創造力が重視されている。これからの教育は、個々の子どもの個性や才能を大切にし、それぞれが自分らしく成長できる環境を創り出すことが求められる。昔のように「子どものくせに」と頭ごなしに否定して、大人の言うとおりに従わせるのではなく、子どもたちの意見や考えに耳を傾け、自由に表現できる機会を与えることが大切にされるべきだ。

文部科学省では、3年がかりで「令和の日本型学校教育」のビジョンをまとめ、教育の進化をはかるための取り組みを始めている。新しい時代に相応しい、全ての子どもの可能性を引き出す教育の在り方を模索している。これにより、多様な才能や個性が開花し、豊かな社会を築く基盤となるだろう。

语法说明 2

1. ～とともに

愛情溢れる校長先生とともに子どもたちが生き生きと学ぶ姿を描いた。

（描绘了孩子们与充满爱心的校长一起学习的生动场景。）

用法： 「ともに」为副词，意思是“一起，共同”。常与「と」连用，构成「とともに」的形式，表示“和……一起”。

例句： 家族とともに暮らしている。/ 我和家人一起生活。

妻と苦労をともにする。/ 我将与妻子共患难。

★拓展

接续： 名词 + である + とともに

动词基本形 + とともに

イ形容词 + とともに

ナ形容词词干 + である + とともに

用法： 表示“随着前项变化后项也发生变化，或前项和后项同时发生”。意思是“随着……”“既……又……”。

例句：

① 時代とともに、日本語は変化していく。/ 随着时代发展，日语也在不断变化。

② インターネットが普及するとともに、新たなサービスやビジネスが登場していく。/ 随着互联网的普及，将会出现新的服务和业务。

③ 卒業は嬉しいとともに寂しい気持ちもある。/ 毕业让人感到既开心又有些寂寞。

④ 自転車シェアリングは便利であるとともに、環境にも優しい。/ 共享单车既便利又环保。

2. ～上で（は）/ ～上での

この物語は、多様性を大切にする教育の重要性を示し、日本の教育を見直す上で多くのヒントを与えた。

（这个故事展示了重视多样性的教育的重要性，为重新审视日本教育提供了很多启发。）

接续： 名词 + の + 上で（は）/ 上での

动词基本形 + 上で（は）/ 上での

用法： 表示“关于某一方面”，意思是“在……方面”“在……上”“从……来看”。

例句：

① 日本語を学ぶ上でのポイントを色々教えてくれた。/ 他告诉了我很多学习日语时需要注意的要点。

② 面接を受ける上で大切なのは自信を持つことだ。/ 参加面试时重要的是要有自信。

3. ～くせに

昔のように「子どものくせに」と頭ごなしに否定して、大人の言うとおりに従わせるのではなく、子どもたちの意見や考えに耳を傾け、自由に表現できる機会を与えることが大切にされるべきだ。

（不能像过去那样不由分说地否定孩子，迫使他们对大人言听计从，而应该倾听孩子们的意见和想法，给予他们自由表达的机会。）

接续： 名词＋の＋くせに

动词简体形＋くせに

イ形容词＋くせに

ナ形容词词干＋な＋くせに

用法： 表示转折，多含有不满、指责的语气。意思是“明明……却……”。

例句：

① 新人のくせに生意気なことを言うな。/ 明明是个新人，讲话不要这么傲慢。

② 私のこと、何も知らないくせに、すべて分かっているような口をきかないで。/ 明明一点都不了解我，不要说得好像很了解一样。

③ お腹が弱いくせに、辛いものが大好きなの。/ 明明肠胃很弱，但特别爱吃辣。

④ 彼は歌が下手なくせに、いつもSNSに自分が歌う動画をあげている。/ 他明明唱歌不好听，但总是在社交平台上传自己唱歌的视频。

4. ～がかり

文部科学省では、3年がかりで「令和の日本型学校教育」のビジョンをまとめ、教育の進化をはかるための取り組みを始めている。

（文部科学省制定了为期3年的“令和时代的日本型学校教育”愿景，开始致力于教育的改善。）

接续： 名词＋がかり

用法： 表示花费的时间或人力，意思是“花费……”“用了……”。

例句：

① 十年がかりでやっと新しい技術が開発された。/ 用了十年终于开发出新技术了。

② 男たちが数人がかりで仏像を丁寧に運んでいる。/ 几个男人一起小心翼翼地搬运着佛像。

词汇 2

従う（したがう）⓪	【自动1】	服从；按照；沿；从事（工作）	N2
綴る（つづる）⓪②	【他动1】	写作，创作；缝合，拼接	N1
傾ける（かたむける）④	【他动2】	使倾斜；饮（酒等）；倾注；使衰落	N2
創り出す（つくりだす）③	【他动1】	创造	*
否定（ひてい）⓪	【名】【他动3】	否定	N2
頭ごなし（あたまごなし）④	【副】	不分青红皂白，不由分说	*
協調（きょうちょう）⓪	【名】【自动3】	协调；合作	N2
誕生（たんじょう）⓪	【名】【自动3】	出生，诞生；成立	N2
相応（そうおう）⓪	【名】【自动3】【ナ形】	适应；相称	N2
生き生き（いきいき）③	【副】【自动3】	栩栩如生，生动；生气勃勃	N2
旺盛（おうせい）⓪	【名】【ナ形】	旺盛，充沛	*
最大（さいだい）⓪	【名】	最大	N3
ビジョン①	【名】	理想，想象；幻想	N2
マナー①	【名】	礼节，礼仪	N3

チームワーク④	【名】	团队合作，配合，协作	N2
著者（ちょしゃ）①	【名】	著者，作者	N2
目線（めせん）⓪	【名】	视线	N2
ロングセラー④	【名】	长期畅销商品	*
文部科学省（もんぶかがくしょう）⑤	【名】	文部科学省（日本的中央行政机构之一）	N2
令和（れいわ）⓪	【名】	令和（日本年号，2019 年—）	*
ヒント①	【名】	暗示；提示	N2
基盤（きばん）⓪	【名】	基础，基石	N2
運行（うんこう）⓪	【名】【自动 3】	运行；行驶	N2
生意気（なまいき）⓪	【名】【ナ形】	傲慢	N2
動画（どうが）⓪	【名】	视频；动画制作环节中动画的部分	*
トラブル②	【名】	纠葛，纠纷	N2
ポイント⓪	【名】	要点，要领；得分点	N2
数人（すうにん）⓪	【名】	几人，数人	N3
仏像（ぶつぞう）⓪	【名】	佛像	N2
シェアリング①	【名】	共享	*

练习

一、读写

1. 根据汉字写出假名。

❶免許	❷学園	❸活字	❹深刻	❺過剰
(　　)	(　　)	(　　)	(　　)	(　　)
❻否定	❼相応	❽基盤	❾要請	❿知性
(　　)	(　　)	(　　)	(　　)	(　　)

2. **根据假名写出汉字。**

❶すなお	❷ひもと	❸いったい	❹こうえい	❺ばつぐん
（　　　）	（　　　）	（　　　）	（　　　）	（　　　）
❻たんじょう	❼きょうちょう	❽ちょしゃ	❾おうせい	❿どうが
（　　　）	（　　　）	（　　　）	（　　　）	（　　　）

二、单项选择　**从 1、2、3、4 中选出填入（　　）内的最佳选项。**

1. （　　）も持っていないのに車を買って何の役に立つのだ。

　1. 免許　　2. 免除　　3. 許可　　4. 許容

2. 彼女はこのような仕事に（　　）の人です。

　1. さっぱり　　2. はっきり　　3. ぴったり　　4. あっさり

3. 彼のおかげでとても（　　）。

　1. 助けた　　2. 助かった　　3. 助けられた　　4. 助かられた

4. お米は温暖な気候でよく（　　）。

　1. あふれる　　2. したがう　　3. そだつ　　4. かたむける

5. 「今までの教育を変えなければ」と教育制度が（　　）います。

　1. 見せられて　　2. 見られて　　3. 見あわれて　　4. 見直されて

6. このスマホはもうこんなに壊れていて、（　　）。

　1. 直しようがない　　2. 直りようがない

　3. 直してようがない　　4. 直ってようがない

7. 友達が遅刻した（　　）、みんな新幹線に乗れなかった。

　1. のは　　2. せいで　　3. おかげで　　4. ようで

8. 彼は自分ではできない（　　）、いつも人のやり方に文句を言っている。

　1. から　　2. 上に　　3. くせに　　4. ものだから

9. 女性が結婚相手を選ぶ（　　）の重要なポイントとして、昔は「三高」ということが言われていたが、今は「三優」になったらしい。

　1. 上で　　2. 上に　　3. うち　　4. うちで

10. 5年（　　）の調査結果、その町の人口が減少した原因がわかった。

　1. まみれ　　2. だらけ　　3. がかり　　4. かぎり

三、组词成句　**从 1、2、3、4 中选出填入___*___的最佳选项。**

1.（　）さっき、弟から母が入院したという______ ______、___*___ ______。

1. でたまらない　2. 連絡を　3. 心配　4. 受けて

2.（　）昨日のパーティーで会った______ ______、___*___ ______。

1. 気になって　2. 彼女　3. しかたがない　4. のことが

3.（　）______ ______ ___*___ ______、何も言うことはない。

1. さえ　2. 結果　3. くれれば　4. 出して

4.（　）地方への転勤が決まったので、______ ______ ___*___ ______にした。

1. 引っ越す　2. こと　3. 家族　4. とともに

5.（　）______ ______ ___*___ ______、私の作る料理にいつも厳しい。

1. 料理が　2. くせに　3. 彼は　4. できない

四、汉译日　**1.　你如果不告诉我你为什么伤心，我就没办法帮你。（～ようがない）**

____。

2.　考上了想去的大学，我高兴得不得了。（～てしょうがない）

____。

3.　自己什么都做不好，还一直说别人的坏话，这是不好的。（～くせに）

____。

五、听力　**1.　听录音，写出括号中空缺的单词。**

(1) 将来、（　　　）（　　　）を取るつもりです。

(2) 先生が私の書いた（　　　）を丁寧に（　　　）くださいました。

(3)（　　　）として、学生の（　　　）を活かすのが使命だと考えています。

(4) この植物は、暖かい（　　　）でよく（　　　）します。

(5) どんな意見にも耳を（　　　　）、謙遜な（　　　　）を取るのが大切です。

2. **听录音，从 1、2、3、4 中选出正确选项。**

1. 専門性の高い学問を教えるところ
2. 個性や知性を持った人間を育てるところ
3. 仕事にすぐに役立つ技術を学ばせるところ
4. 社会的要請の高い分野を教えるところ

3. **听录音，从 1、2、3、4 中选出正确选项。**

1. 学校で教えられた
2. 社会への参加を通して自然に覚えた
3. 学校と家庭で教えられた
4. 学校に入る前に家で教えられた

词汇 3

落ち込む（おちこむ）③⓪	【自动 1】	跌落，下降；郁闷，不痛快	N2
あっさり③	【副】	清淡	N2
育成（いくせい）⓪	【名】【他动 3】	培养，养成	N2
人材（じんざい）⓪	【名】	人才	N2
要請（ようせい）⓪	【名】【他动 3】	请求，要求	N2
免除（めんじょ）①	【名】【他动 3】	免除	N2
許容（きょよう）⓪	【名】【他动 3】	容许，答应	N2
コミュニティ②	【名】	地区社团，社区，共同体	N2
一人前（いちにんまえ）⓪	【名】	（食物）一人份；成年人；够格的人	N2
リテラシー②①	【名】	识字，扫盲；基本素养	
倫理（りんり）①	【名】	伦理	N2
使命（しめい）①	【名】	使命	N2
知性（ちせい）①②	【名】	才智，理智	N2
現状（げんじょう）⓪	【名】	现状	N2
知的（ちてき）⓪	【ナ形】	智慧的，理智的	N2

你认为 AI 技术得到广泛应用后，学校教育应该做出哪些改变？以下是青木裕太的作文。

AI が発達している現代において、学校教育では何を教えるべきか

AI が予想よりも早く普及し始めた。これからの学校教育で重視すべき点を考えてみたいと思う。

まず、情報リテラシーの向上だ。学生たちは情報を適切に評価し、信頼性のある情報を選ぶ能力を身につける必要がある。

次に、思考力の育成だ。AI が繰り返しの作業を担う時代には、人間は自ら考え、新しいアイデアを生み出す力を身につける必要がある。

さらに、コミュニケーションスキルの向上だ。AI 時代には、人と人、人間と機械のコミュニケーション力が求められる。

そして、何より重要なのは、倫理と社会的責任の教育だ。AI が普及する時代に、学校教育では学生たちが倫理的な判断をし、社会的責任を果たせるよう指導する必要がある。(321)

令和时代的日本教育

进入令和时代，日本各界大力推动教育改革，具体有以下特点和举措。

1. 关注学生的心理健康：避免过度竞争和学术单一导向，更关注学生的心理健康和终生幸福。健全和加强学校心理辅导制度，疏导学生压力，支持学生的心理健康。

2. STEAM 教育的推广：重视 STEAM 教育，它融合了科学（S）、技术（T）、工程（E）、艺术（A）和数学（M）。旨在全面培养学生创造力和解决问题的能力。

3. ICT（信息和通信技术）的使用：数字技术在教育活动中的普及。在线教学和学习平

台日益普及，网上课堂和远程学习拓展了学生的学习场景。

4. 培养全球视野：外语教育和海外学习项目不断加强，促进跨文化理解和国际交流，积极推动校际交流和国际活动。

5. 包容性教育举措：努力为残障学生和不同背景的学生提供一个更具包容性的教育环境，提高特殊教育水平，创造无障碍环境，并制定解决多样化学习方式和需求的课程。

日本通过这些举措，旨在创造一个更强调多样性和注重每个学生的个性和能力发展的教育环境。

第十四課

ジェンダー平等への道

（讨论课上，大家就最高法院关于“夫妇异姓”的判决发表自己的意见）

松尾先生：　選択的夫婦別姓認めず、同姓の規定に関して、最高裁判所にて再び「合憲」と判断されたそうです。これについて、皆さんどう思いますか。

佐々木玲子：私は、がっかりしました。令和になっても結婚したら、多くの女性は自分の名字を使う権利さえ認められないことは、信じられなくて、悔しいです。

青木裕太：　これまで、たび重なる議論が行われてきましたが、最高裁判所で結局同じ結論になったのだなと思いました。

ロブ：　　　中国と韓国ではどうなっていますか。

唐琦琦：　　中国では夫婦別姓で、結婚しても姓が変わることはありません。

金敏恵：　　韓国では伝統的に絶対的夫婦別姓で、結婚しても姓を変えてはいけないことになっています。

佐々木玲子：　中国と韓国の女性がちょっと羨ましく思います。結婚したら姓を変えなければならいから結婚しない人もいるのに、なぜ選択的夫婦別姓制度にならないのが、理解できません。

松尾先生：　伝統にはものすごい力があるということですね。

ロブ：　変わらないことに意味があると考える人がどこの国にもいますね。

金敏恵：　率直に言いますと、そこがおかしいと思います。どこの国にも伝統を大事にする人がいますが、今生きている人の幸せを第一に考えなければならないと思います。

语法说明 1

1. ～にて

選択的夫婦別姓認めず、同姓の規定に関して、最高裁判所にて再び「合憲」と判断されたそうです。

（听说关于不承认夫妻选择性的异姓，对夫妇同姓的规定，日本最高法院再次判为“符合宪法”。）

接续：　名词＋にて

用法：　① 表示动作发生的时间或地点，意思是“在……”。

② 表示方式或工具，意思是“用……”。

例句：　① 面接は３階の会議室にて行う。/ 面试在三楼会议室举行。

② 会場係は当方にて手配いたします。/ 会场工作人员由我们安排。

③ 本日にて学会が行われる予定である。/ 学会计划在今天举行。

2. ～さえ

令和になっても結婚したら、多くの女性は自分の名字を使う権利さえ認められないことは、信じられなくて、悔しいです。

（即使到了令和，还是有很多女性结婚后连使用自己姓名的权利都不被承认，真是难以置信，觉得很难受。）

接续： 名词＋（助詞）＋さえ

用法： 举出一个极端的例子并暗示其他，意思是“甚至……”“竟连……”。

例句：

① あの頃は貧しくて、ご飯を食べるお金さえなかった。/ 当时穷得连吃饭的钱都没有。

② 退学することを親にさえ相談せずに決めた。/ 甚至都没跟父母商量一下就直接退学了。

词汇 1

認める（みとめる）⓪	【他动 2】	承认，认可	N2
重なる（かさなる）⓪	【自动 1】	重叠；碰在一起(指事情等)；重复	N2
待ち合わせる（まちあわせる）⑤⓪	【他动 2】	等候，约会，碰头	N3
見送る（みおくる）⓪	【他动 1】	目送，送行，观望	N3
選択（せんたく）⓪	【名】【他动 3】	选择	N2
結論（けつろん）⓪	【名】【自动 3】	结论	N2
結局（けっきょく）⓪	【名】【副】	结果，最后	N2
再び（ふたたび）⓪	【副】	再；又；重新	N2
これまで③	【名】【副】	从前，以往	N3

第一（だいいち）①	【名】【副】	第一；首先；最好；最重要	N3
悔しい（くやしい）③	【イ形】	委屈，懊恼，窝心	N3
絶対的（ぜったいてき）⓪	【ナ形】	绝对的	N2
権利（けんり）①	【名】	权利	N2
率直（そっちょく）⓪	【ナ形】	直率，坦率	N2
規定（きてい）⓪	【名】	规定	N2
別姓（べっせい）⓪	【名】	异姓	·
姓（せい）①	【名】	姓	N3
名字（みょうじ）①	【名】	姓	N3
制度（せいど）①	【名】	制度，规定	N3
裁判所（さいばんしょ）⓪⑤	【名】	法院	N2
合憲（ごうけん）⓪	【名】	符合宪法	·
判断（はんだん）①	【名】【他动3】	判断	N2
学会（がっかい）⓪	【名】	学会	N2
会員（かいいん）⓪	【名】	会员	N3
産休（さんきゅう）⓪	【名】	产假	N2
連続（れんぞく）⓪	【名】【自他动3】	连续	N2
チームリーダー④	【名】	队长	·

ジェンダー平等への道

女性の社会進出とともに、近年、女性の働きやすい環境が整いつつある。しかし、まだ完全に男女平等が実現されているわけではない。女性の貧困や非正規雇用問題、選択的夫婦別姓をめぐる議論、家事・介護の無償労働などの問題提起が、日本の女性たちが抱える課題を浮き彫りにしている。

これらの問題を解決するために、日本の女性たちは自らの権利を主張し、生き方を選択できる自由を求めている。彼女たちが自分たちの意思でキャリアを築き、家庭と仕事の両立ができる社会が実現されることが、真の男女平等への道筋となるだろう。

女性の社会進出が進むことで、多様な価値観やアイデアが生まれ、日本の社会全体が豊かになることだろう。男女平等の社会は、女性にとってだけでなく、男性にとっても、選択肢が増え、自分らしい生き方が自由に選べる社会になるはずである。

どんな性に生まれても、一人ひとりが自立心をもって、個々の能力や才能を活かすことができる社会こそが、みんなにとって幸せな世の中だろう。あらゆる性別の平等の理念が浸透し、より公平で平等な社会が実現され、だれもが自分の人生を自由に選択できる権利を享受し、未来に希望を持って歩むことができる日が一日も早く来てほしい。

语法说明 2

1. ～つつある

女性の社会進出とともに、近年、女性の働きやすい環境が整いつつある。

（随着日本女性进入社会，近年来，适于女性工作的环境正在逐步完善。）

接续： 动词~~ます~~形＋つつある

用法： 表示动作正在进行，意思是“正在……”。

例句：

① 消えつつある伝統文化を守らなければならない。/ 我们必须保护那些正在逝去的传统文化。

② 大学院進学を目指す学生は増えつつあります。/ 计划读研的学生越来越多了。

2. ～わけではない / わけでもない

しかし、まだ完全に男女平等が実現されているわけではない。

（但是，完全的男女平等并没有实现。）

接续： 名词＋な / である＋わけではない / わけでもない

动词 / イ形容词的简体形＋わけではない / わけでもない

ナ形容词词干＋な＋わけではない / わけでもない

用法： 表示部分否定，或是用于否定由前文得出的推论，意思是“并非……”。

例句：

① 鼻水が少し出るけど、風邪なわけではない。/ 虽然有点流鼻涕，但并没有感冒。

② リストラをされても、人生が終わるわけではない。/ 即使被裁员了，人生也并非就此终结。

③ このお店は決しておいしくないわけじゃないのですが、ただ期待値が高すぎたかもしれない。/ 并不是这家店不好吃，可能只是我期待过高。

④ 日本に住んでいても、日本語が上手なわけではない。/ 虽说住在日本但日语并不太好。

3. ～をめぐって / めぐり / めぐる

女性の貧困や非正規雇用問題、選択的夫婦別姓をめぐる議論、家事・介護の無償労働などの問題提起が、日本の女性たちが抱える課題を浮き彫りにしている。

（围绕女性贫困、女性的非正式雇用、选择性夫妇异姓的讨论、家务与看护的无偿劳动等问题的提出，凸显了日本女性所面临的课题。）

接续： 名词 + をめぐって / めぐり / めぐる

用法： 表示“围绕某中心议题展开讨论”等，意思是“围绕……”“关于……”。

例句：

① 各国からの専門家たちは環境問題をめぐって議論を交わした。/ 各国专家就环境问题展开讨论。

② この論文は教育制度の改革をめぐり様々な角度から分析した。/ 这篇论文就教育制度改革问题从多个角度展开了分析。

③ 増税をめぐる意見の対立が激しくなってきた。/ 关于增税，观点出现了很大分歧。

4. ～こそ

どんな性(せい)に生(う)まれても、一人(ひとり)ひとりが自立心(じりつしん)をもって、個々(ここ)の能力(のうりょく)や才能(さいのう)を活(い)かすことができる社会(しゃかい)こそが、みんなにとって幸(しあわ)せな世(よ)の中(なか)だろう。

（无论是什么性别，每个人都能有自立意识并且可以充分发挥各自的才能。这样的社会对大家来说才是真正幸福的社会。）

接续： 名词 + こそ

动词て形 + こそ

用法： 表示对所述事情或事物的强调，意思是“才是……”。

例句：

① 君(きみ)こそわが社(しゃ)に必要(ひつよう)な人材(じんざい)だ。/ 你才是我们公司需要的人才。

② おいしい！これこそ本場(ほんば)の味(あじ)だ！ / 真好吃！这才是正宗的味道！

③ 必死(ひっし)に練習(れんしゅう)してこそオリンピックに出(で)られる。/ 努力训练，才能获得奥运会的参赛资格。

词汇 2

抱える（かかえる）⓪	【他动 2】	抱，夹；担负，承担；雇用	N2
歩む（あゆむ）②	【自动 1】	行，走；前进，进展	N2
浮き彫り（うきぼり）⓪	【名】	浮雕；突出，刻画	N3
提起（ていき）①	【名】【他动 3】	提出；提起	N2
解決（かいけつ）⓪	【名】【自他动 3】	解决	N2
主張（しゅちょう）⓪	【名】【他动 3】	主张	N2
自立（じりつ）⓪	【名】【自动 3】	自立，独立	N2
浸透（しんとう）⓪	【名】【自动 3】	渗透，渗入	N2
平等（びょうどう）⓪	【名】【ナ形】	平等	N2
貧困（ひんこん）⓪	【名】【ナ形】	贫困，贫穷；贫乏	N2
道筋（みちすじ）⓪	【名】	(通过的)道路；路线；道理；条理	N2
あらゆる③	【连体】	所有，一切	N2

ジェンダー①	【名】	性别	N1
性別（せいべつ）⓪	【名】	性别	N3
公平（こうへい）⓪	【名】【ナ形】	公平，公道	N2
家事（かじ）①	【名】	家务，家务活	N3
無償（むしょう）⓪	【名】	无偿	N2
意思（いし）①	【名】	意思，想法，打算	N2
正規（せいき）①	【名】【ナ形】	正规；正常；标准	N2
増税（ぞうぜい）⓪	【名】【自动3】	增税	N2
リストラ⓪	【名】	裁员，优化	N2

练习

一、读写

1. **根据汉字写出假名。**

❶規定 ❷制度 ❸判断 ❹権利 ❺結局

(　　　) (　　　) (　　　) (　　　) (　　　)

❻率直 ❼学会 ❽公平 ❾道筋 ❿水準

(　　　) (　　　) (　　　) (　　　) (　　　)

2. **根据假名写出汉字。**

❶れんぞく ❷さんきゅう ❸みおくる ❹ひんこん ❺むしょう

(　　　) (　　　) (　　　) (　　　) (　　　)

❻かいけつ ❼いし ❽しゅちょう ❾じりつ ❿しんとう

(　　　) (　　　) (　　　) (　　　) (　　　)

二、单项选择 从1、2、3、4中选出填入（　）内的最佳选项。

1. あなたがパーティーに来(き)てくれなかったのでとても（　）しました。

1. がっかり　2. さっぱり　3. ぴったり　4. はっきり

2. 今(いま)これだけ頑張(がんば)っているのは、親(おや)に（　）ほしいからです

1. まとめて　2. みとめて　3. あつめて　4. かかえて

3. 彼は（　　）ほど美しい女性と結婚した。

1. ふさわしい　2. たのもしい　3. はずかしい　4. うらやましい

4. 現行の結婚制度についていくつか問題を（　　）する。

1. 提出　2. 提起　3. 提案　4. 提携

5. 彼はかたく自分の権利を（　　）。

1. 判断する　2. 主張する　3. 出張する　4. 提起する

6. 手術以来、彼の体は順調に回復し（　　）。

1. おわる　2. つつある　3. てみせる　4. てほしい

7. たくさんお金があれば、幸せになれる（　　）。

1. わけがない　2. わけではない

3. わけにはいかない　4. わけだ

8. 自分自身の子供を持って（　　）はじめて親の愛情がわかる。

1. ても　2. ほど　3. ばかり　4. こそ

9. これは初心者（　　）答えられる簡単な問題だ。

1. でさえ　2. では　3. で　4. こそ

10. 卒業式に参加する人は、8時までにホールで待ち合わせる（　　）。

1. ことになっている　2. ことにしている

3. ようにしている　4. ようになっている

三、组词成句　**从1、2、3、4中选出填入__*__的最佳选项。**

1. （　　）当日欠席される方は、メールまたは電話______ ______ ___*___ ______。

1. ご　2. 連絡　3. ください　4. にて

2. （　　）富士山の上には、______ ______ ___*___ ______残っている。

1. 雪が　2. 夏　3. で　4. さえ

3. （　　）多くの学校や専門家から、______ ______ ___*___ ______が出された。

1. をめぐって　2. ゆとり教育

3. 貴重な　4. 意見

4. （　　）他の会社へ転職したいという＿＿＿＿＿ ＿＿＿＿＿ ＿＿＿*＿＿ ＿＿＿＿＿。

1. 分からない　2. 君の気持ち　3. わけではない　4. が

5. （　　）スマホの登場で、デジタルカメラの＿＿＿＿＿ ＿＿＿＿＿ ＿＿＿*＿＿ ＿＿＿＿＿。

1. なくなり　2. 人気　3. が　4. つつある

四、汉译日

1. **在全球不断变暖的现代，最重要的是提高人们的环保意识。（～つつある）**

＿＿＿＿＿＿＿＿＿＿＿＿＿＿＿＿＿＿＿＿＿＿＿＿＿＿＿＿＿＿。

2. **我没去派对并不是因为没有时间。（～わけでもない）**

＿＿＿＿＿＿＿＿＿＿＿＿＿＿＿＿＿＿＿＿＿＿＿＿＿＿＿＿＿＿。

3. **围绕土地开发，各种观点的对立越来越激烈。（～をめぐる）**

＿＿＿＿＿＿＿＿＿＿＿＿＿＿＿＿＿＿＿＿＿＿＿＿＿＿＿＿＿＿。

五、听力

1. **听录音，写出括号中空缺的单词。**

(1)「男性は外で仕事、女性は家で（　　　）」という（　　　）な考え方は見直すべきだ。

(2) 人はみんな（　　　）ながら（　　　）です。

(3) この問題を（　　　）するために、みんなの（　　　）が必要だ。

(4) 今言ったこと（　　　）には（　　　）できなかった。

(5) この件は、A 社の社長の（　　　）に任せます。

2. **听录音，从 1、2、3、4 中选出正确选项。**

1. 社会意識が変わらなければいけない
2. 女性の教育水準を上げなければいけない
3. 企業側の支援がなければいけない
4. 法制度を整えなければいけない

3. **听录音，从 1、2、3、4 中选出正确选项。**

1. 伝統的な考え方を更新すること
2. 制度を充実させること
3. 男性の育児参加を促進すること
4. 男女間の賃金格差をなくすこと

词汇 3

促進（そくしん）⓪	【名】【他动 3】	促进，推进	N2
順調（じゅんちょう）⓪	【名】【ナ形】	顺畅，顺利	N2
格差（かくさ）①	【名】	格差，差别	N2
賃金（ちんぎん）①	【名】	工资	N2
水準（すいじゅん）⓪	【名】	水准，水平	N2

课题

请谈一谈你对实现性别平等的看法。以下是唐琦琦的作文。

ジェンダー平等のために何を一番解決したいか

ジェンダー平等は男性と女性の双方にとって重要だ。男性の義務と権利を考える時に、以下の問題提起をしたい。

まず、男性が家庭生活と子育てにかかわり、役割を果たす義務だ。育児休暇や柔軟な労働時間制度の導入によって、男性が家庭と仕事を両立できる環境を整えることが重要だ。

それから、教育と職場においては、男性は個性にあう分野へ進み、職業を選択する自由を与えられるべきだ。

最後に、男性が感情を自由に表現し、心の健康を維持する権利だ。男性が積極的に心のケアに取り組むことが奨励されるべきだ。

ジェンダー平等を実現し、男性も女性も、自由で充実した人生を送るために、互いに協力し合い、共に成長することが必要だ。(292)

专栏

“夫妇异姓”诉讼

1898年颁布的《明治民法》规定男女婚后必须统一姓氏，若非特例，女方必须改为户主姓氏。日本于1947年修改民法时对这一内容进行了调整，规定男女双方在登记结婚时，必须改称男方或女方的姓氏。但据厚生劳动省2014年的统计，女子“冠夫姓”现象在日本依旧十分普遍，有96%的伴侣在登记结婚时女方改为男方姓。

3对居住在日本东京的夫妇于2018年试图使用各自姓氏登记结婚遭拒。他们认为日本民法和户籍法中不认可“夫妻异姓”的规定与秉持性别平等原则的宪法相悖，向当地法院提起诉讼。然而受理该案的法院认为“夫妻异姓”并不违宪，驳回了这3对夫妻的诉讼请求。

2023年6月23日，日本最高法院再次驳回原告诉求。15名大法官中只有4名法官认为规定夫妇同姓的法律违宪，其他11名法官均认为强制夫妇同姓“合乎宪法”。日本是目前发达国家中唯一一个法律规定夫妻必须同姓的国家。

第十五課

科学者の貢献

（上课前，同学们讨论一则日本科学家获诺贝尔奖的消息）

ロブ：　2021年のノーベル賞受賞者に日本人がいたね。

青木裕太：　物理賞を受賞した眞鍋淑郎だよね？

ロブ：　うん。彼の研究で人間の活動が地球温暖化に大きく影響が及んでいるのを証明したんだって。

金敏恵：　それはすごいね。

佐々木玲子：　それまでは、気候変動対策が議論されては温暖化は自然現象で、人間の活動とは関係がないという人もいたからね。

青木裕太：　人間の活動が影響しているのが科学的に証明された以上、今後は各国が協力してカーボンニュートラルへの取り組みを加速するだろう。

ロブ：　そうだね。持続可能な社会を実現させることほど大事なことはないよ。

金敏恵（キムミュンヘイ）：　ほんとにそのとおりよ。

佐々木玲子（ささきれいこ）：　これからは人類活動（じんるいかつどう）と地球温暖化（ちきゅうおんだんか）の関係（かんけい）が分（わ）からないからと言（い）って温暖化防止（おんだんかぼうし）の措置（そち）を取（と）らないのでは済（す）まされなくなったよね。

語法説明 1

1. ～ては / では

それまでは、気候変動対策（きこうへんどうたいさく）が議論（ぎろん）されては温暖化（おんだんか）は自然（しぜん）現象（げんしょう）で、人間（にんげん）の活動（かつどう）とは関係（かんけい）がないという人（ひと）もいたからね。

（以前只要一讨论起应对气候变化的方法，就会有人说，全球变暖是自然现象，和人类活动无关。）

接续： 动词て形＋は

用法： ① 表示动作连续或反复发生。"一……就……""……了又……"。

② 表示消极假设，如果前项发生会引起后项的不良结果。"如果……的话，就会……"。

例句： ① 雨（あめ）が降（ふ）っては止（や）み、止（や）んでは降（ふ）って、はっきりしない天気（てんき）だ。/ 雨下了又停，停了又下，这天气真是让人捉摸不透。

② 小説（しょうせつ）を書（か）いては消（け）して、全然進（ぜんぜんすす）まない。/ 小说写写删删，毫无进展。

③ そんなに食（た）べては太（ふと）るよ。/ 吃这么多会长胖的。

2. ～以上（は）

人間の活動が影響しているのが科学的に証明された以上、今後は各国が協力してカーボンニュートラルへの取り組みを加速するだろう。

（既然已经从科学层面证明了人类活动的影响，那么之后各国应该会携手加快推进碳中和了吧。）

接续： 名词＋である＋以上（は）

动词 / イ形容词的简体形＋以上（は）

ナ形容词词干＋である＋以上（は）

用法： 表示“由前项的既定事实，理所当然地推导出后项”，意思是“既然……就……”。

例句：

① 人間である以上、誰もがミスをする。/ 是人都会犯错。

② 転職すると決めた以上は、早く履歴書の準備を始めないと。/ 既然决定要跳槽，那就得尽快开始准备简历。

③ 仕事量が多い以上は、残業するしかない。/ 既然工作量大，那就只好加班。

④ 親からの仕送りが必要である以上は、自立したとは言えないだろう。/ 既然还需要父母的补贴，那就不能算独立。

3. ～ほど～はない

持続可能な社会を実現させることほど大事なことはないよ。

（没有比实现可持续发展更重要的事情了。）

接续： 名词＋ほど＋～はない

用法： 表示最高程度，意思是“没有比……更……的”。

例句：

① 仕事終わりのお肉ほどおいしいものはない。/ 没有比下班后的肉食更美味的了。

② 彼ほど真面目で勤勉な人は見たことがない。/ 我没见过比他更认真、勤奋的人。

4. ～とおり（に）/ とおりの / どおり（に）/ どおりの

ほんとにそのとおりよ。

（的确是这样。）

接续： 名词＋の＋とおり（に）/ とおりの

名词＋どおり（に）/ どおりの

动词基本形 / 动词た形＋とおり（に）/ とおりの

用法： 表示“后项行为按照前项方式进行”，意思是“如同……那样”“按照……”。

例句：

① このプリンターは説明書のとおりに操作してもうまく動作しない。/ 这台打印机即使按照说明书操作也还是运行不了。

② このドラマは予想通りの展開でつまらない。/ 这个电视剧的情节都跟预想的一样，没什么意思。

③ 全くおっしゃるとおりです。/ 您说的正是。

④ 初めてネットショッピングを試したが、思ったとおりの物が届いて、大満足だ。/ 第一次尝试了网购，送来的东西跟我预想的一样，太满意了。

5. ～ては済まされない

これからは人類活動と地球温暖化の関係が分からないからと言って温暖化防止の措置を取らないのでは済まされなくなったよね。

（以后就不能再以不知道人类活动和全球变暖的关系为理由而拒绝采取措施防止全球变暖了。）

接续： 名词＋では済まされない

动词简体形＋（の）では済まされない

用法： 表示某行为不被允许，意思是"如果……的话可不行"。

例句：

① 彼があまりにも怒っているので、「ごめんなさい」の一言では済まされない雰囲気だった。/ 他特别生气，看起来不是一句"对不起"就能解决问题的。

② 名刺交換の仕方は社会人として知らないでは済まされない常識だ。/ 交换名片的做法是每个步入社会的人都必须掌握的常识。

③ 温暖化で海面が上昇しつつあります。それは内陸に住む私たちにとっても他人事では済まされない事実です。/ 由于全球变暖，海平面正在上升。这对于住在内陆地区的我们来说也是不争的事实，不能觉得跟自己无关。

词汇 1

及ぶ（およぶ）②⓪	【自动 1】	涉及，达到	N2
変動（へんどう）⓪	【名】【自动 3】	变动，波动，改变	N2
防止（ぼうし）⓪	【名】【他动 3】	防止	N2
活動（かつどう）⓪	【名】【自动 3】	活动	N3
温暖（おんだん）⓪	【ナ形】	温暖，暖和	N2
そのとおり②	【词组】	正是那样	·
カーボンニュートラル⑤	【名】	碳中和	·
各国（かっこく）①⓪	【名】	各国，诸国	N3

科学者の貢献

近年、科学技術は私たちの想像を超えるスピードで進化している。今やスマートフォンのアプリでスキャンすれば気軽に地下鉄に乗ることができるし、家にいても電子マネーを使って世界中の買い物をすることができる。こうした便利で安全な世界は、科学者たちのたゆまぬ努力のおかげだ。

まさに人類にとって長年の悲願である感染症治療薬も、科学者たちの日々の地道な研究によって発見されている。中国で研究を続けた科学者として初めてノーベル賞生理学·医学賞受賞した屠呦呦氏は、マラリアに有効な治療薬を発見した。この発見により、マラリアによる死者は世界中で大幅に減少した。

リチウムイオン電池を開発した吉野彰氏の研究は、大容量の電気を貯めることができるので、地球環境にやさしい技術として高く評価される。そして電気自動車や太陽光発電の普及によって多くの製品に使われるようになり、持続可能なエネルギー利用の新的な技術として革命をもたらした、と言っても過言ではない。

科学はさまざまな謎を解明し、人間の好奇心を満足させ、人間の幸せを実現するために発展せねばならない。今後も科学者たちが新たな研究や技術開発を通じて世界の課題解決に貢献し続けることが期待されている。

语法说明 2

1. ～と言っても過言ではない / と言っても言い過ぎではない

そして電気自動車や太陽光発電の普及によって多くの製品に使われるようになり、持続可能なエネルギー利用の革新的な技術として革命をもたらした、と言っても過言ではない。

（而且随着电动汽车、太阳能发电的普及，锂离子电池被更多的产品使用起来。毫不夸张地说，作为一种可持续能源利用的创新技术，它已经带来了一场革命。）

接续： 小句 + と言っても過言ではない / と言っても言い過ぎではない

用法： 表示"即使这么说也不夸张"，多用于强调说话人的主张。意思是"说……也不为过"。

例句：

① 彼は人生を音楽に捧げたと言っても過言ではない。/ 说他将自己的一生都献给了音乐也不为过。

② ここのステーキは世界一おいしいと言っても言い過ぎではない。/ 说这里的牛排是世界上最好吃的也不为过。

2. ～ねばならない / ねばならぬ

科学はさまざまな謎を解明し、人間の好奇心を満足させ、人間の幸せを実現するために発展せねばならない。

（为了解开各种各样的谜团，满足人们的好奇心，让人们过上幸福的生活，科学必须不断发展。）

接续： 动词ない形＋ねばならない／ねばならぬ

（～）する→（～）せねばならない／せねばならぬ

用法： 表示“必须做某事”，比「なければならない」更书面化。意思是“必须……”“非……不可”。

例句：

① 人は自分がやったことに対して責任を持たねばならない。／人必须要对自己做过的事情负责。

② 今回の事故に関して深く反省せねばならぬ。／必须对这次的事故进行深刻反省。

词汇 2

弛む（たゆむ）②	【自动1】	松弛；松懈	N1
貯める（ためる）⓪	【他动2】	收集，储藏	N2
エネルギー②	【名】	精力；能源	N3
貢献（こうけん）⓪	【名】【自动3】	贡献	N2
革命（かくめい）⓪	【名】	革命，革新，改革	N2
発電（はつでん）⓪	【名】【自动3】	发电	N2
太陽光（たいようこう）③	【名】	阳光	*
解明（かいめい）⓪	【名】【他动3】	弄清楚，讲清楚，阐明	N2
革新（かくしん）⓪	【名】【他动3】	革新	N2
満足（まんぞく）①	【名】【自动3】	满足，满意；完善	N2
地道（じみち）⓪	【名】【ナ形】	脚踏实地，扎实	N2
有効（ゆうこう）⓪	【名】【ナ形】	有效，有效的	N2
治療薬（ちりょうやく）②	【名】	治疗药	*
正に（まさに）①	【副】	的确；实在；快要；应该	N2
過言（かごん）⓪	【名】	夸张；说得过火	N2
言い過ぎ（いいすぎ）⓪	【名】	说得过火，言过其实	*
スマートフォン⑤	【名】	智能手机	N2
悲願（ひがん）①	【名】	夙愿	*
リチウムイオン⑤	【名】	锂离子	*
電池（でんち）①	【名】	电池	N3
容量（ようりょう）③	【名】	容量，内存	N2

マラリア⓪	【名】	疟疾	*
科学者(かがくしゃ)②③	【名】	科学家	N3
死者（ししゃ）①	【名】	死者	N3
感染症(かんせんしょう)⓪	【名】	传染病	*
捧げる（ささげる）③	【他动 2】	高高举起，捧起；贡献，供奉；奉献	N2
ステーキ②	【名】	烤肉；牛排	N4

练习

一、读写　**1. 根据汉字写出假名。**

❶活動　❷温暖　❸変動　❹電池　❺防止

(　　) (　　) (　　) (　　) (　　)

❻貢献　❼悲願　❽地道　❾有効　❿治療

(　　) (　　) (　　) (　　) (　　)

2. 根据假名写出汉字。

❶たゆむ　❷かんせん　❸かがくしゃ　❹ようりょう　❺かくしん

(　　) (　　) (　　) (　　) (　　)

❻かごん　❼かいめい　❽まんぞく　❾じつりょく　❿ながねん

(　　) (　　) (　　) (　　) (　　)

二、单项选择　**从 1、2、3、4 中选出填入（　　）内的最佳选项。**

1. コンピューターはビジネスのすべての分野(ぶんや)に大(おお)きな影響(えいきょう)を（　　）いる。

　1. あたえて　2. ささえて　3. かかえて　4. くわえて

2. 新(あたら)しい市長(しちょう)は政治(せいじ)に新(あたら)しい（　　）方(かた)をもたらしたと言(い)っても過言(かごん)ではない。

　1. 組(く)み立(た)て　2. 組(く)み合(あ)わせ　3. 取(と)り組(く)み　4. 取(と)り引(ひ)き

3. 風力(ふうりょく)は再生(さいせい)可能(かのう)な（　　）として、多(おお)くの国(くに)では研究(けんきゅう)がなされています。

　1. エネルギー　2. エンジン　3. ノーベル　4. システム

4. 子供たちは話を聞こうと先生の周りに（　　）。

1. あがった　　2. あつまった　　3. ふかまった　　4. たかまった

5. 大雨に（　　）強い風も吹いてきた。

1. もたらして　　2. くわえて　　3. とりくんで　　4. あたえて

6. 大学をやめると決めた（　　）、学歴に頼らないで生きていける力を身につけなければいけない。

1. 以上　　2. 上で　　3. 上に　　4. 上

7. 「戦争（　　）バカなことはない」これは亡くなったおじいさんがよく言った言葉だ。

1. さえ　　2. ほど　　3. ばかり　　4. だけ

8. 計画はなかなか予定（　　）には進まないものだ。

1. どおり　　2. がかり　　3. みたい　　4. ほど

9. 祖父は生まれつき体が丈夫な（　　）、年をとっても医者の世話にならずに済んでいる。

1. うえ　　2. いじょう　　3. おかげで　　4. せいで

10. 暴力には力を合わせて立ち向かわ（　　）。

1. ねばならぬ　　2. なくてもいい

3. なきゃいい　　4. と言っても過言ではない

三、组词成句　**从 1、2、3、4 中选出填入＿*＿的最佳选项。**

1. 小学生の時は、＿＿＿＿ ＿＿＿＿ ＿＿*＿＿ ＿＿＿＿に叱られていたものだ。

1. 学校　　2. 行っては　　3. に　　4. 先生

2. ＿＿＿＿ ＿＿＿＿ ＿＿*＿＿ ＿＿＿＿、最後まで責任を持ってやらないと。

1. 以上は　　2. 一度　　3. 決めた　　4. やると

3. スマホほど＿＿＿＿ ＿＿＿＿ ＿＿*＿＿ ＿＿＿＿。

1. な　　2. ない　　3. 便利　　4. ものは

4. 自分にとっては冗談のつもりでも、相手にとっては＿＿＿＿ ＿＿＿＿ ＿＿*＿＿ ＿＿＿＿もある。

1. 場合　　2. 済まされない　3. 冗談　　4. では

5. お風呂入ってる時は一日の中で________ ________ ____*____ ________過言じゃない。

1. 時間　　2. 一番　　3. 好きな　　4. と言っても

四、汉译日

1. **既然说了一定能做到，那么不管有怎样的困难我都会克服。**（～以上）

____。

2. **说他是天才也不为过。**（～ても過言ではない）

____。

3. **没有哪个学生比她学习更认真了。**（ほど～ない）

____。

五、听力

1. **听录音，写出括号中空缺的单词。**

(1)（　　　）（　　　）化が日々進んでいる。

(2) 大学生の（　　　）低下は世界的な（　　　）らしい。

(3) 環境問題を解決するために、（　　　）の（　　　）がなくてはいけない。

(4) この（　　　）は風邪に大変（　　　）があった。

(5) 今の生活にとても（　　　）しています。

2. **听录音，从 1、2、3、4 中选出正确选项。**

1. 著者が専門分野以外のことにも詳しい
2. 著者が科学的に正確な情報を与えている
3. 著者が自分の限界をよく知っていて、謙虚な姿勢を示している
4. 著者が経験と実力がある科学者である

3. **听录音，从 1、2、3、4 中选出正确选项。**

1. DNA 情報が伝達されるプロセス
2. タンパク質が壊されないようにする方法
3. 細胞内でタンパク質が作られるプロセス
4. 細胞内のタンパク質が壊される仕組み

词汇 3

壊す（こわす）②	【他动 1】	弄坏，毁坏	N4
監視（かんし）⓪	【名】【他动 3】	监视；监管	N2
規制（きせい）⓪	【名】【他动 3】	规定，限制	N2
応用（おうよう）⓪	【名】【他动 3】	应用，适用	N2
悪用（あくよう）⓪	【名】【他动 3】	滥用，出于不良目的使用	N2
回避（かいひ）①	【名】【他动 3】	回避	N2
仕組み（しくみ）⓪	【名】	结构，构造	N2
アプローチ③	【名】	接近，靠近，联系；探讨，研究	N2
限界（げんかい）⓪	【名】	界限	N2
姿勢（しせい）⓪	【名】	姿势，态度	N2
実力（じつりょく）⓪	【名】	实力	N2
負荷（ふか）①	【名】	负荷	*
無知（むち）①	【名】【ナ形】	无知	N2
謙虚（けんきょ）①	【ナ形】	谦虚，谦和	N2
タンパク質（たんぱくしつ）④	【名】	蛋白质	N2

人们常说，科技是把“双刃剑”，既能够创造幸福，也可能在一定条件下对人类的生存和发展带来消极后果。你认为我们应该如何避免科技发展产生的消极影响呢？以下是唐琦琦的作文。

科学技術の消極的な影響を回避するために何をしたいか

科学技術の消極的な影響を回避するために、以下の対策を取ることが重要だと思う。

まず第一に、科学技術の倫理教育を強化することだ。倫理的な原則や価値観を教えることで、科学技術の発展が社会と個人に与える影響を理解し、人間中心のアプローチや社会的責任を重視することが求められる。

次に、科学技術の監視と規制を強化する必要がある。科学技術の利用や応用には法的な枠組みと監視機関が必要であり、悪用やリスクを防ぐために効果的な規制が行われるべきである。

また、持続可能な発展を追求する必要がある。環境に優しい技術や再生可能エネルギーの開発を推進し、資源の節約と環境への負荷軽減に取り組むことが重要だと思う。(293)

专栏

筑波科学城

筑波科学城位于茨城县筑波市，是日本政府在 20 世纪 60 年代为实现“技术立国”战略而建立的日本第一科学城，也是全球知名的以成为高水平研究和教育基地为目标的国家级科研中心。

筑波科学城汇集日本全国 30% 的科研机构、40% 的科研人员、50% 的政府科研投入，以及 100 多个国家和地区的高端人才。同美国硅谷一样，筑波科学城也是全球人才、资金、技术的高度密集之地。

科学城将教育和研究紧密结合，聚集了筑波大学等一流大学，和众多顶级研究机构。科学城还吸引了许多民营研究机构和企业研发中心，积极开展产学合作和成果转化。

日本政府把筑波定位为科学技术的中枢城市，覆盖电子工程、生物工程、半导体、机电一体化、新材料、信息工学、航天科学、环境科学、新能源、现代农业等领域。筑波科学城作为新知识、新创造、新发明的诞生地，依托每年举办的国际科技博览会、成果展示会和科学技术周，向日本大企业集中展示并转化最前沿的科技成果。

第十六課

日本の地方

（罗布向青木裕太介绍在黄金周游览岛根县的感受）

青木裕太：　ロブさんはゴールデンウイークにどこかへ行った？

ロブ：　島根県に行ってきたんだ。休みになるとじっとしていられない性格なので。

青木裕太：　島根県といえば、足立美術館か。

ロブ：　そこも行ったけど、それより、僕は日本の人口が2番目に少ない県ってどんな感じかなと気になっていたから行ってみた。

青木裕太：　へえ、どんな感じだった？

ロブ：　行った甲斐があった。森に覆われた山から神話の中の日本を感じられたよ。自然が豊かで、緑が多い、のどかな風景が広がるとてもいいところだった。

青木裕太：　そうか。僕はまだ行ったことがないんだ。今度行ってみようかな。

ロブ：　　はい、ぜひ行ってみて。汚染がなく、空気も水もおいしい、落ち着いた町で、何度でも訪れたくなるんだよ。日本は４７の都道府県があるので、ジャーナリストを目指して留学に来たからには、全部回ってみようと思っているんだ。

青木裕太：　それは大いに賛成する。日本は、東京や大阪などの大都市だけじゃないからね。次はどこへ行く予定なの？

ロブ：　　次は阿波おどりを見たいから、徳島に行こうかなと思っているんだ。ついでに、ご当地グルメのラーメンも食べてみたいし。

青木裕太：　それはいい考えだね。

ロブ：　　いい考えだけど、ちょっとお金もかかるな。明日からまたバイトを頑張らなくちゃ。

语法说明 1

1. ～てはいられない

休みになるとじっとしていられない性格なので。

（因为我一到节假日就不愿意老老实实待在家里。）

接续：　**动词て形**＋はいられない

用法：　表示“迫于某种情况，不能忍受某状态持续下去”。意思是“不能……”“没办法……”。

例句：　① もう２時間も待ったぞ。これ以上待ってはいられない。/ 已经等了２小时了，不能再等下去了。

② 隣の工事の音がうるさくて、少しも落ち着いていられない。/ 旁边施工的声音吵得人没法静下心来。

2. ～甲斐がある

行った甲斐があった。

（很值得一去。）

接续： 名词 + の + 甲斐がある / 甲斐がない / 甲斐もなく

动词た形 + 甲斐がある / 甲斐がない / 甲斐もなく

用法： 接在动词或表示动作的名词后，表示“某行为有回报，很值得”，意思是“没有白白……”“值得……”。

例句： ① 練習の甲斐があって、試合で優勝した。/ 赢了比赛，训练没有白费。

② 努力の甲斐もなく、提案は不採用となった。/ 提议没有被采用，努力白费了。

③ 列に並んだ甲斐があって、ここのパンケーキはとてもおいしかった。/ 这里的松饼太好吃了，不枉我排队来买。

④ 毎日ダイエットを頑張った甲斐もなく、全然痩せない。/ 枉费我每天努力减肥，完全瘦不下来。

3. ～から（に）は

日本は 4 7 の都道府県があるので、ジャーナリストを目指して留学に来たからには、全部回ってみようと思っているんだ。

（日本有 47 个都道府县，既然我以成为一名记者为目标来留学了，就想都去转转。）

接续： 名词＋である＋から（に）は

动词 / イ形容词的简体形＋から（に）は

ナ形容词词干＋である＋から（に）は

用法： 表示“既然到了这种情况”强调前项理由，意思是“既然……就……”。

例句：

① 親(おや)であるからには、子供(こども)の面倒(めんどう)を見(み)るべきだ。/ 既然身为父母，就理应照顾孩子。

② 約束(やくそく)したからには、ちゃんと守(まも)らなければいけない。/ 既然承诺了，就应该遵守诺言。

③ 安(やす)いからには、きっと何(なに)かワケがある。/ 既然这么便宜，肯定有什么原因。

④ こんなに人気(にんき)であるからには、すぐ売(う)り切(き)れてしまうだろう。/ 既然这么受欢迎，肯定很快就会售罄吧。

词汇 1

覆う（おおう）⓪②	【他动 1】	覆盖；笼罩	N2
落ち着く（おちつく）⓪	【自动 1】	沉着；镇静；稳定；平息	N2
回る（まわる）⓪	【自动 1】	走访；转；绕弯	N3
売り切れる（うりきれる）④	【自动 2】	卖光，售罄	N3
汚染（おせん）⓪	【名】【自动 3】	污染	N2
じっと⓪	【副】【自动 3】	静止不动	N2
～番目（ばんめ）⓪	【接尾】	第……	・
甲斐（かい）⓪	【名】	效果，价值	・
長閑（のどか）①	【ナ形】	悠闲，宁静	N1
是非（ぜひ）①	【副】	务必，一定	N3
大いに（おおいに）①	【副】	很，非常；大大地	N2
森（もり）⓪	【名】	森林	N3
山々（やまやま）②	【名】	群山	N2
神話（しんわ）⓪	【名】	神话	N2
ジャーナリスト④	【名】	新闻工作者，记者	N2
踊り（おどり）⓪	【名】	舞蹈	N3

グルメ①	【名】	饮食家，美食家	N2
不採用（ふさいよう）②	【名】	不被采用，不予录用	・
パンケーキ③	【名】	松饼	N2
訳（わけ）①	【名】	理由；道理	N3

日本の地方

日本各地に残された風土や暮らし、人々の営みを記録する紀行ドキュメント番組『新日本風土記』がある。かけがえのない日本の風景にひたり、さまざまな表情を持つ日本を再発見できる。日本の地方文化には、その歴史と伝統が息づく多様な魅力がある。

しかし、その反面、東京に政治・経済・文化・人口等が集中、地方過疎化という現実もある。日本全国の街頭インタビューを通じて、地方の様子をより身近に感じられるように伝える『月曜から夜ふかし』というテレビ番組がヒットし、笑いを交えながら地方の独自性に対する注目を喚起している。

地方の衰退が懸念される中、行政もさまざまな施策を始めている。総務省では、人口減少地域における税収減少に対応し、2008 年から「ふるさと納税」制度を始めた。地方出身者が、納税の代わりに、地方自治体に寄付する制度である。各自治体は、寄付した人に地場産品を返礼し、地方の知名度と魅力をアピールする。

そして、2012年から日本総合研究所は「都道府県幸福度ランキング」を発表している。「健康」「文化」「仕事」「生活」「教育」など5分野·50指標を設定し、都道府県別の「幸福度指数」を算出している。最新のランキングで47の都道府県のトップに立ったのは福井県だった。それがきっかけで、人々の地域社会の様子とその生活実態への関心が高まった。

日本は東京や大阪などの大都市だけではない。しかし、人々の注目は大都市に集まりがちだ。地方の個性や魅力を活かし、地域発展を支えていくには、地元の文化を守りながらも、新たな価値を創造するよりほかない。地方おこしや地域の活性化が進んではじめて、より豊かで多様な文化を持つ国になるだろう。

语法说明 2

1. ～反面

しかし、その反面、東京に政治・経済・文化・人口等が集中、地方過疎化という現実もある。

（然而与此同时，也存在政治、经济、文化、人口等向东京集中，地方人口加速减少的现象。）

接续： 名词＋である＋反面

动词 / イ形容词的简体形＋反面

ナ形容词词干＋な / である＋反面

用法：　表示“对于同一事物从不同角度考虑”，意思是“另一方面……”。

例句：
① これは便利なサービスである反面、犯罪者に悪用される恐れもある。/ 这个服务很方便，但也有可能会被犯罪分子利用。
② この手術方法は傷跡が残らない反面、費用は高い。/ 这个手术方法不会留下疤痕，但收费比较贵。
③ 佐藤先生は厳しい反面、やさしい時もある。/ 佐藤老师比较严厉，但有时也挺温柔。
④ 彼は真面目である反面、ルールにこだわりすぎる。/ 他非常认真，但有时又过于较真了。

2. ～代わりに

地方出身者が、納税の代わりに、地方自治体に寄付する制度である。

（这个制度规定各地出身的人可以选择把钱捐给当地来代替纳税。）

接续：
名词 + の + 代わりに
动词 / イ形容词的简体形 + 代わりに
ナ形容词词干 + な + 代わりに

用法：
① 表示“代替、补偿、交换”等，意思是“代替……”“作为回报……”。
② 表示“某事物既有积极的一面，也有消极的一面”，意思是“虽然……但是……”。

例句：
① 現金の代わりに、スマホで支払いを済ませる。/ 用手机支付代替现金支付。
② 日本語を教えてもらう代わりに、彼に中国語を教えてあげる。/ 作为教我日语的回报，我教他中文。
③ この会社は給料が高い代わりに、残業も多い。/ 这家公司工资虽高，但经常加班。

④ この辺りは静かな代わりに、駅から遠くて不便だ。/ 这附近挺安静的，但离车站太远了不方便。

3. ～がきっかけで / がきっかけになって / をきっかけに（して）/ をきっかけとして

それがきっかけで、人々の地域社会の様子とその生活実態への関心が高まった。

（以此为契机，人们开始关注各地区的社会现状和生活水平。）

接续： 名词 + がきっかけで / がきっかけになって / をきっかけに（して）/ をきっかけとして

动词简体形 + の + がきっかけで / がきっかけになって / をきっかけに（して）/ をきっかけとして

用法： 表示"前项成为某个新的行动的开端或动机"，意思是"以……为契机"。

例句：

① 彼に道を聞かれたのがきっかけで知り合った。/ 和他相识缘起于那次被他问路。

② 北海道旅行がきっかけになって、スキーに興味を持つようになった。/ 北海道旅行后我迷上了滑雪。

③ 大学入学をきっかけとして、一人暮らしを始めた。/ 借着上大学的机会我开始了独居生活。

④ サマースクールをきっかけに、卒業後日本へ留学に行くと決めた。/ 在上完暑期班后，我决定了毕业后要去日本留学。

4. ～がちだ

しかし、人々の注目は大都市に集まりがちだ。

（但是人们总是更关注大城市。）

接续：　名词＋がちだ

动词ます形＋がちだ

用法：　表示倾向，意思是“总是会……”“容易……”。

例句：

① 幼い頃は病気がちで、病院によく通っていた。/ 我小时候容易生病，经常跑医院。

② 哲学って難しそうと思われがちですが、実はそうでもありません。/ 人们总觉得哲学好像很难，其实并非如此。

③ 日本語の文法を学ぶ際にありがちな問題を紹介します。/ 我来给大家介绍一下学习日语语法时常见的一些问题。

5. ～ながら（も）

地方の個性や魅力を活かし、地域発展を支えていくには、地元の文化を守りながらも、新たな価値を創造するよりほかない。

（要想发挥各地区的特色，促进地区发展，就必须在保护当地文化的同时创造新的价值。）

接续：　名词＋ながら（も）

动词ます形＋ながら（も）

イ形容词＋ながら（も）

ナ形容词词干＋ながら（も）

用法：　表示转折，意思是“虽然……但是……”。

例句：

① 微力ながらお役に立てれば幸いです。/ 很希望能为您尽一份绵薄之力。

② 彼は文句を言いながらも手伝ってくれた。/ 他虽然发了些牢骚，但还是帮了我。

③ 拙いながらも小説を書いてみました。/ 我虽然文笔不佳，但还是尝试写了小说。

④ 誠に残念ながら、今回はご希望に添えない結果となりました。/ 非常遗憾，这次结果未能如您所愿。

6. ～ほか（は）ない / よりほか（は）ない / ほかしかたがない

地方の個性や魅力を活かし、地域発展を支えていくには、地元の文化を守りながらも、新たな価値を創造するよりほかない。

（要想发挥各地区的特色，促进地区发展，就必须在保护当地文化的同时创造新的价值。）

接续： 动词基本形 + ほか（は）ない / よりほか（は）ない / ほかしかたがない

用法： 表示“不得已做某事，除此以外没有其他解决办法”。意思是“只有……”“只能……”。

例句：

① 第一志望に落ちたら、他の会社に行くほかない。/ 要是最想去的那家公司的面试没通过的话，就只能去其他公司了。

② 悔しいけど、諦めるよりほかない。/ 虽然不甘心，但也只能放弃了。

③ 痩せたいなら、食事を制限して運動するほかしかたがない。/ 要是想瘦的话，就只能少吃多运动。

7. ～てはじめて

地方おこしや地域の活性化が進んではじめて、より豊かで多様な文化を持つ国になるだろう。

（只有重振地方经济，增强地方活力，才能成为一个拥有更加丰富多样文化的国家。）

接续： 动词て形＋はじめて

用法： 表示“前项是后项发生的理由或前提”，意思是“在……之后才……”“只有……才……”。

例句： ① 社会人（しゃかいじん）になってはじめて知（し）ったことはありますか。/ 有没有什么是你在步入社会之后才知道的事情?

② 経済（けいざい）が成長（せいちょう）してはじめて雇用（こよう）の創出（そうしゅつ）につながる。/ 只有经济发展才能创造就业机会。

词汇 2

息づく（いきづく）③	【自动1】	生存，生活	·
交える（まじえる）③	【他动2】	掺杂，夹杂	N2
活かす（いかす）②	【他动1】	弄活，使复活；充分发挥，有效利用	N2
高まる（たかまる）③	【自动1】	提高，增长，高涨	N2
衰退（すいたい）⓪	【名】【自动3】	衰退，因衰弱而失去势力	N2
懸念（けねん）⓪①	【名】【他动3】	担心，惦念	N2
寄付（きふ）①	【名】【他动3】	捐赠，捐助	N2
設定（せってい）⓪	【名】【他动3】	设立，设定	N2
算出（さんしゅつ）⓪	【名】【他动3】	算出，计算出，核算出	N2
掛け替え（かけがえ）⓪	【名】	备用，代替	N2
反面（はんめん）③⓪	【名】【副】	反面，另一面	N2
様子（ようす）⓪	【名】	情况；仪表；神态；迹象	N2
全体（ぜんたい）⓪	【名】【副】	全体，总体，全部	N3
各地（かくち）①	【名】	各地	N3
風土（ふうど）①	【名】	风土；水土	N2
紀行（きこう）⓪	【名】	纪行，游记	N2
ドキュメント①③	【名】	记录；文献；文件	·
風土記（ふどき）②	【名】	风土记，地方志	·
過疎（かそ）①	【名】	（人口）过稀，过少	N2
過疎化（かそか）⓪	【名】【自动3】	人口过疏	N2
街頭（がいとう）⓪	【名】	街头	N2

行政（ぎょうせい）⓪	【名】	行政；政务	N2
施策（しさく）⓪	【名】	对策，措施	N2
総務省（そうむしょう）③	【名】	总务省（日本的中央行政机构之一）	*
税収（ぜいしゅう）⓪	【名】【自动3】	税收	N2
納税（のうぜい）⓪	【名】【自动3】	纳税，缴税	N2
出身者（しゅっしんしゃ）③	【名】	出生在……的人；毕业于……学校的人	*
笑い（わらい）⓪	【名】	笑；嘲笑	N3
指数（しすう）②	【名】	指数	N2
自治体（じちたい）⓪	【名】	自治团体	N2
ランキング⓪①	【名】	排名，名次	N2
大都市（だいとし）③	【名】	都市，城市	N3
実態（じったい）⓪	【名】	真实情况，实际状态	N2
地元（じもと）⓪③	【名】	本地，当地	N2
地方おこし（ちほうおこし）④	【名】	振兴地方经济	*
地場（じば）②	【名】	本地，当地	*
産品（さんぴん）⓪①	【名】	产品	N5
返礼（へんれい）⓪	【名】	回礼	*
知名度（ちめいど）②	【名】	知名度	N2
指標（しひょう）⓪	【名】	指标，标志	N2
知り合う（しりあう）③	【自动1】	认识，相识	N3
添える（そえる）②⓪	【他动2】	附上，配	N2
拙い（つたない）⓪	【イ形】	拙劣，笨拙	*
幸い（さいわい）⓪	【名】【ナ形】【副】	幸福，幸运；幸亏；有帮助	N2
犯罪者（はんざいしゃ）③	【名】	罪犯	*
傷跡（きずあと）⓪	【名】	伤痕，疤痕	*

练习

一、读写　**1.　根据汉字写出假名。**

❶各地　❷街頭　❸行政　❹施策　❺寄付

（　　　）（　　　）（　　　）（　　　）（　　　）

❻返礼　❼設定　❽指数　❾算出　❿実態

（　　　）（　　　）（　　　）（　　　）（　　　）

2.　根据假名写出汉字。

❶おおう　❷のどか　❸おせん　❹ふさいよう　❺はんめん

（　　　）（　　　）（　　　）（　　　）（　　　）

❻かそ　❼ようす　❽すいたい　❾ぎょうせい　❿しさく

（　　　）（　　　）（　　　）（　　　）（　　　）

二、单项选择　**从 1、2、3、4 中选出填入（　　）内的最佳选项。**

1.　バスを降りたら私が迎えに行くまでそこで（　　　）待っていてください。

1. じっと　2. ざっと　3. あっと　4. むっと

2.　人はあなたが思うほどあなたのことを（　　　）いないものです。

1. 気にして　2. 気になって　3. 気をつけて　4. 気がついて

3.　誰でも故郷を（　　　）思うだろう。

1. さびしく　2. なつかしく　3. めずらしく　4. ふさわしく

4.　一人暮らしは、（　　　）に気持ちをシェアできる友達がいないから、孤独を起こす恐れがある。

1. 独自　2. 反面　3. 過疎　4. 身近

5.　お父さんはいつも精神的に私を（　　　）くれた。

1. まとめて　2. ささえて　3. あたえて　4. まじえて

6.　スキーのシーズンが始まると、私はじっとして（　　　）。

1. しかたがない　2. は始まらない　3. はいられない　4. ならない

7.　約束した（　　　）、まもるべきだ。

1. からには　2. からといって　3. からして　4. からいうと

8. 彼は就職を（　　　　）として生活スタイルをがらりと変えた。

1. 中心　　2. もと　　3. きっかけ　　4. はじめ

9. 寒い天気だと家にこもり（　　　　）だが、たまには外に出て体を動かしたほうがいい。

1. がち　　2. ながら　　3. にくい　　4. はじめて

10. 親になって（　　　　）、子育ての大変さが分かった。

1. からでないと　　2. はじめて　　3. しかたがなく　　4. はいられない

三、组词成句　**从 1、2、3、4 中选出填入__*__的最佳选项。**

1. ____ ____ __*__ ____、インターネットで買う人が増えてきている。

1. 服を買う　　2. 最近は　　3. かわりに　　4. お店で

2. 海外出張____ ____、__*__ ____ようになりました。

1. 英会話教室　　2. きっかけで　　3. に通う　　4. が

3. 社会人になってから、車で通勤しているので、____ ____ __*__ ____。

1. 運動　　2. になり　　3. がちだ　　4. 不足

4. 最近売り上げが減ってきている。この状態が何カ月も続けば、____ ____ __*__ ____。

1. よりほかない　　2. を　　3. お店　　4. 閉める

5. ____ ____ __*__ ____、仕事を見つけるのが大変だということがわかった。

1. てはじめて　　2. 就職活動を　　3. てみ　　4. し

四、汉译日　1. **因为明天有考试，所以我没法一直这样悠闲地玩了。**（～てはいられない）

____。

2. **既然决定要参加比赛，就一定要赢给所有人看看。**（～からには）

____。

3. **没有任何人愿意代替我去，所以我只好自己去。**（～代わりに）

____。

五、听力

1. 听录音，写出括号中空缺的单词。

（1）この国は（　　　　）が美しい。

（2）日本に（　　　　）に来るなら、ぜひ私に（　　　　）してください。

（3）（　　　　）の（　　　　）を研究している。

（4）この母親は（　　　　）そうな（　　　　）で息子を見ている。

（5）（　　　　）お金は小学校に（　　　　）いたします。

2. 听录音，从 1、2、3、4 中选出正确选项。

1. 若年層の多くは自由さばかりを重視していること
2. 若年層が高齢者と同じような不安を感じていること
3. 高齢者の一人暮らしのメリットには注目していないこと
4. 高齢者は一人暮らしのメリットを感じることができないこと

3. 听录音，从 1、2、3、4 中选出正确选项。

1. 縁は人為的に作る関係、絆は自然にできる関係である
2. 最近は、絆よりも縁を大切に考える人が多い
3. 最近は、縁も絆もあまり使われない言葉になっている
4. 縁はそこになるもの、絆は作り上げるものである

词汇 3

がらりと②③	【副】	突然改变；哗啦	N2
若年層（じゃくねんそう）③	【名】	年轻人	N3
未婚率（みこんりつ）②	【名】	未婚率	N3
配偶者（はいぐうしゃ）③	【名】	配偶	N2
メリット①	【名】	利益，好处	N2
同士（どうし）①	【名】	同伴，同伙	N3
エンターテイメント⑤	【名】	娱乐	N3
交錯（こうさく）⓪	【名】【自动 3】	交错，交杂	N2

你喜欢便利的"城市生活",还是惬意的"小镇生活"？请简单说明理由。以下是佐佐木玲子的作文。

大都市の生活が好きな理由

私は大都市の生活が好きだ。なぜなら、大都市には多様な文化、充実したエンターテイメント、そして便利な生活があるからだ。

大都市では、さまざまな文化が交錯している。美術館や劇場、コンサートホールなどで、さまざまな芸術や文化に触れるチャンスが豊富にある。

また、大都市ではエンターテイメントが充実している。映画館やショッピングモール、テーマパークなど、友人や家族と一緒に楽しい時間を過ごす施設がたくさんある。

さらに、大都市では生活の利便性が高い。交通機関が発達しており、商業施設が多いため、必要なものを手に入れるのも容易だ。

以上の理由から、私は大都市で生活をしたいと思う。(281)

"分散发展"和"向大城市集中"

"分散发展"和"向大城市集中"是人口与经济发展的经典命题，在世界各地都有关于这个问题的研究和讨论。

支持分散发展的人认为，通过将人口和经济资源分散到不同地区,可以促进区域的平衡发展，减少大城市的人口压力和资源不足的问题。这可以避免资源过度集中和城市化带来的问题，还可以促进地方经济的多样性和可持续发展。

而主张向大城市集中的人则认为，将人口和经济资源集中在大城市，可以创造更多的就业机会和经济增长。大城市能提供更丰富的人力资源、完善的基础设施及丰富的商业机会。大城市的规模和集聚效应不仅能促进整个地区的繁荣和发展，而且有利于创新和知识交流。

在日本，这个问题多年来一

直受到广泛关注。在过去的几十年里，人口和经济发展主要集中在东京、大阪和名古屋等大型城市地区，与此同时，区域城市和农村地区的人口和经济水平却在不断下降。为实现区域平衡发展，日本政府采取了一系列政策措施，如在区域城市建立分支机构，提供税收优惠和补贴，以及扶植地方工业。

第四单元小结

1. 表示前后文关系的句型

本单元中着重学习了多种表示伴随、转折、假设等前后文关系的句型。

句型	含义	例句	课数
～とともに	随着……	時代とともに、日本語は変化していく。	13
～くせに	明明……	新人のくせに生意気なことを言うな。	13
～以上（は）	既然……就……	人間である以上、誰もがミスをする。	15
～ては / では	一……就，……了又……	雨が降っては止み、止んでは降って、はっきりしない天気だ。	15
～から（に）は	既然……就……	親であるからには、子供の面倒を見るべきだ。	16
～反面	另一方面……	これは便利なサービスである反面、犯罪者に悪用される恐れもある。	16
～ながら（も）	虽然……但是，尽管……但是	微力ながらお役に立てれば幸いです。	16

2. 表示"……得不得了"的句型

句型	含义	例句	课数
～て（は）たまらない	非常……，……得不得了	今朝朝ごはんを食べなかったので、もうお腹が空いてたまらないよ。	13
～てしかた（が）ない / てしょうがない	非常……，……得不得了	彼は一体何を隠しているのか、気になってしょうがない。	13

3. 表示不同种类否定句型

日语中表示否定的句型多种多样，有些句型虽然是否定形式，却不表示否定的含义，同学们需要注意甄别。

句型	含义	例句	课数
～ようがない / ようもない	无法……	卒業して以来会っていないから、もう彼に連絡しようもない。	13
～わけではない / わけでもない	并非……，并不意味着……	鼻水が少し出るけど、風邪なわけではない。	14
～ほど～はない	没有比……更……的	仕事終わりのビールほどおいしいものはない。	15
～では済まされない	只是（只靠）……无法解决	彼があまりにも怒っているので、「ごめんなさい」の一言では済まされない雰囲気だった。	15
～てはいられない	不能……	もう2時間も待ったぞ。これ以上待ってはいられない。	16
～ほか（は）ない / よりほか（は）ない / ほかしかたがない	只有……，只能……	第一志望に落ちたら、他の会社に行くほかない。	16

4. 固定句式总结

句型	含义	例句	课数
～さえ～ば	只要……就……	諦めさえしなければ、いつか夢は必ず叶う。	13
～上で（は）/ 上での	在……方面，在……时	面接を受ける上で大切なのは自信を持つことだ。	13
～がかり	花费……	十年がかりでやっと新しい技術が開発された。	13
～にて	在……	面接は 3 階の会議室にて行います。	14
	用……	新幹線にて東京へ行く。	14
～さえ	甚至……，连……都……	あの頃は貧しくて、ご飯を食べるお金さえなかった。	14
～つつある	逐渐……	消えつつある伝統文化を守らなければならない。	14
～をめぐって / めぐり / めぐる	围绕……，关于……	各国からの専門家たちは環境問題をめぐって議論を交わした。	14
～こそ	……才是……， ……正是……	そして、これこそが環境への負担を軽くし、持続可能な世界への大きな一歩となったのではないだろうか。	14
～とおり（に）/ とおりの / どおり（に）/ どおりの	如同……那样，按照……	このプリンターは説明書のとおりに操作してもうまく動作しない。	15
～と言っても過言ではない / と言っても言い過ぎではない	就算是说……也不为过	彼は人生を音楽に捧げたと言っても過言ではない。	15

续表

语法	含义	例句	课数
～ねばならない / ねばならぬ	必须……	人は自分がやったことに対し責任を持たねばならない。	15
～甲斐がある	没有白白……，值得……	練習の甲斐があって、試合で優勝した。	16
～代わりに	代替做……，作为回报做……	父の代わりに、私が行きます。	16
	虽然……但是	この会社は給料が高い代わりに、残業も多い。	16
～がきっかけで / がきっかけになって / をきっかけに（して）/ をきっかけとして	以……为契机	彼に道を聞かれたのがきっかけで知り合った。	16
～がちだ	容易……	哲学って難しそうと思いがちですが、実はそうでもありません。	16
～てはじめて	只有……才……	社会人になってはじめて知ったことはありますか。	16

附 录

附录 1　动词活用表

动词分类	活用形										
	基本形	て形	ない形	た形	命令形	意志形	ば形	可能形	被动形	使役形	使役被动形
一类动词	言う	言って	言わない	言った	言え	言おう	言えば	言える	言われる	言わせる	言わされる
	歩く	歩いて	歩かない	歩いた	歩け	歩こう	歩けば	歩ける	歩かれる	歩かせる	歩かされる
	急ぐ	急いで	急がない	急いだ	急げ	急ごう	急げば	急げる	急がれる	急がせる	急がされる
	話す	話して	話さない	話した	話せ	話そう	話せば	話せる	話される	話させる	話させられる
	死ぬ	死んで	死なない	死んだ	死ね	死のう	死ねば	死ねる	死なれる	死なせる	死なされる
	飛ぶ	飛んで	飛ばない	飛んだ	飛べ	飛ぼう	飛べば	飛べる	飛ばれる	飛ばせる	飛ばされる
	読む	読んで	読まない	読んだ	読め	読もう	読めば	読める	読まれる	読ませる	読まされる
二类动词	考える	考えて	考えない	考えた	考えろ	考えよう	考えれば	考えられる	考えされる	考えさせる	考えさせられる
三类动词	来る	きて	こない	きた	こい	こよう	くれば	こられる	こられる	こさせる	こさせられる
	する	して	しない	した	しろ	しよう	すれば	できる	られる	させる	させられる

附录 2　语法项目索引

● 右侧数字表示该句型初次出现的课次及具体位置，如：“1-1”表示“第 1 课　语法说明（1）”。
● 按照日语五十音顺序排列。

续表

续表

附录 3　单词索引

● 右侧数字表示该单词初次出现的课次及具体位置，如："1-1" 表示 "第 1 课　词汇（1）"。

● 按照日语五十音顺序排列。

か・カ

き・キ

さ・サ

し・シ

す・ス

せ・セ

ち・チ

つ・ツ

て・テ

の・ノ

は・ハ

ひ・ヒ

ふ・フ

へ・ヘ